J. ELWYN

CANLLAWIAU IAITH A CHYMORTH SILLAFU

ARGRAFFIAD NEWYDD

Argraffiad newydd—1997
Ail-Argraffiad—2000

ISBN 1 85902 571 4

Cyhoeddwyd ac argraffwyd gan Wasg Gomer, Llandysul, Ceredigion.

RHAGAIR

'Yn ystod y blynyddoedd hynny y bûm yn bennaeth yr Adran Gymraeg yn Ysgol Dyffryn Ogwen, Bethesda, a thros gyfnod maith o gywiro llawysgrifau, teipysgrifau a phroflenni ar ran y Cyngor Llyfrau Cymraeg, manteisiais ar y cyfle i sylwi ar y gwallau cyffredin hynny a ddigwydd mor gyson yng ngwaith ysgrifenedig plant, pobl ifanc, a rhai hŷn.

Mae dyblu'r cytseiniaid *n* ac *r*, wrth gwrs, ymhlith y trafferthion pennaf a'r gwirionedd anffodus yw nad oes na geiriadur na'r un cyfeirlyfr hwylus arall a all gynnig ateb parod a chyflym i'r Cymro cyffredin sy'n chwilio am y ffordd gywir i sillafu ambell ffurf. Fel llawer o bobl eraill, 'rwyf wedi bod yn ymwybodol o'r anawsterau hyn ers tro ac ymgais yw'r llyfryn hwn i roi cymorth i ddisgyblion, myfyrwyr, ysgrifenyddesau ac eraill ynglŷn â sillafiad cywir nifer o ffurfiau nad ydynt ar gael mewn geiriadur . . . Yn ychwanegol at y ffurfiau sy'n peri trafferth o safbwynt dyblu'r cytseiniaid, cynhwysir . . . rhestr o eiriau cyffredin eraill a gamsillefir yn rheolaidd gan lawer o ysgrifenwyr. Ni ellir honni bod y rhestr mor gyfansawdd ag i gynnwys pob gair sy'n achosi trafferth i bob ysgrifennwr Cymraeg, nac ychwaith mor gynnil ag i hepgor rhai geiriau nad yw ambell un erioed wedi eu camsillafu! . . .

Mawr obeithir y bydd cynnwys y gyfrol fach hon o fudd ymarferol . . . i unrhyw un a wna hyd yn oed y defnydd lleiaf o'r Gymraeg, boed ar ffurf llythyr busnes neu mewn gohebiaeth bersonol.'

Dyna a ysgrifennais yn y Rhagair i argraffiad cyntaf *Canllawiau Iaith a Chymorth Sillafu* dair blynedd ar ddeg yn ôl. Yn ystod y cyfnod hwnnw, fe werthwyd dros ugain mil o gopïau ac 'rwyf wedi cael fy mhlesio'n arw iawn o wybod bod y llyfryn bach hwn wedi bod o gymaint o gymorth i gymaint o bobl; mae'n amlwg ei fod wedi bod yn gyfrwng hwylus a hylaw i ysgogi ymwybyddiaeth o gywirdeb iaith ac i roi hwb i hyder llaweroedd o bobl wrth iddynt ysgrifennu Cymraeg.

Teimlwn ers tro, fodd bynnag, y dylid mynd ati i ddiweddaru'r hen lyfryn bach. 'Roedd yn amlwg y dylid ychwanegu nifer o eiriau a ffurfiau sy'n peri trafferth i rai defnyddwyr, yn ôl a glywaf, ond na chawsant eu cynnwys yn y gwaith gwreiddiol. Teimlwn hefyd, o edrych yn ôl, mai camgymeriad oedd rhannu'r llyfryn gwreiddiol yn dair rhan, gan y gallai hynny fod wedi creu ambell rwystr (a rhwystredigaeth, efallai!) i'r defnyddiwr. Deuthum â'r tair rhan at ei gilydd yn yr argraffiad diwygiedig hwn, gan obeithio y bydd hynny'n golygu y gellir dod o hyd i wybodaeth yn haws ac yn gyflymach. Er eglurder a hwylustod, penderfynais roi'r canllawiau iaith ar gefndir o arlliw gwyrdd gan y teimlwn y gallai hynny wneud dilyn y rhestr 'eiriadurol' gymaint â hynny'n haws.

'Rwyf wedi ceisio ymateb i sylwadau adeiladol gan sawl un ac fe gynhwyswyd yn yr argraffiad hwn lawer iawn mwy o eiriau (gan gynnwys, ar gais nifer o bobl, ragor o ffurfiau berfol) nag a geir yn yr argraffiad gwreiddiol. Dylwn ychwanegu fy mod wedi pwyso'n drwm ar arweiniad y campwaith cyfoes—*Geiriadur yr Academi* (Dr Bruce Griffiths a Dafydd Glyn Jones)—lle teimlwn fod ansicrwydd neu amheuaeth ynghylch rhyw ffurf neu'i gilydd ond, hyd yn oed wedyn, mentrais wyro unwaith neu ddwy a dilyn fy nhrywydd fy hun ynghylch ambell ffurf. Hoffwn ddatgan fy ngwerthfawrogiad diffuant i'r Athro Gwyn Thomas, Coleg Prifysgol Cymru, Bangor, nid yn unig am fwrw golwg dros yr holl waith, gan ychwanegu sawl awgrym a sylw perthnasol a buddiol dros ben, ond am roi o'i amser prin i drin a thrafod rhai agweddau ar eiriau a ffurfiau a gynhwysir yn y gyfrol. Fel sy'n amlwg, penderfynu cadw at y ffurfiau ffurfiol, 'traddodiadol gywir' a wneuthum er mor anodd, fel y dywed yr Athro, yw ymwrthod â ffurfiau megis *cymeryd*, *camgymeryd*, *dallt*, *darganfyddodd*, *llygadau*, *gwyneb*, etc., sydd bellach mor eang eu defnydd (yn sicr ar lafar), a mynnu eu bod yn 'anghywir'. Unwaith eto, felly, mae'n briodol a pherthnasol iawn i mi bwysleisio'r angen gwirioneddol daer am sefydlu Adran Safonau Iaith, pe na bai ond i glirio'r aer ar nifer o faterion sydd yn achosi penbleth ac amheuaeth i lawer ohonom y dyddiau hyn.

Wrth gloi, hoffwn ailadrodd fy niolch am yr awgrymiadau gwerthfawr a dderbyniais ar gyfer yr argraffiad cyntaf gan nifer o gyfeillion, a chan Mrs Branwen Jarvis a'r diweddar Athro Bedwyr Lewis Jones yn arbennig ac, yn yr un modd, diolchaf am y cyfraniadau buddiol a dderbyniais ar gyfer yr argraffiad diwygiedig hwn oddi wrth Dewi Morris Jones (Pennaeth Adran Olygyddol Cyngor Llyfrau Cymru), Jane Jones Owen, Menai Parry, Helen M. Thomas, Dr Urien Wiliam ac, wrth gwrs, yr Athro Gwyn Thomas.

J. ELWYN HUGHES

DYDD GŴYL DDEWI 1997

TALFYRIADAU

a.	:	ansoddair
eg.	:	enw gwrywaidd
eb.	:	enw benywaidd
egb.	:	enw gwrywaidd neu fenywaidd (pan fo'n wrywaidd gan amlaf)
ebg.	:	enw benywaidd neu wrywaidd (pan fo'n fenywaidd gan amlaf)
un.	:	unigol
ll.	:	lluosog
e.e.	:	er enghraifft
h.y.	:	hynny yw

RHESTR O EIRIAU A GAMSILLEFIR YN GYSON

gan gynnwys rhai geiriau cyffredin lle digwydd yr acen grom
yn ogystal â nifer o eiriau lle camddefnyddir yr acen yn bur aml

ynghyd ag

AWGRYMIADAU A CHANLLAWIAU AR GYFER YSGRIFENNU CYMRAEG CYWIR

A

A/AC
Y rheol ynglŷn â defnyddio'r cysylltair **a/ac** (sy'n gyfystyr â'r Saesneg *and*) yw:

a o flaen cytsain: e.e., ci **a ch**ath

ac o flaen llafariad (sef **a**, **i**, **o**, **u**, **w**, **y**): e.e., afal **ac o**ren

ond y mae EITHRIADAU, e.e.:

ac fe, a**c f**el, a**c f**elly

ac mae ef/hi, **ac m**aent hwy,
ac maen nhw, **ac m**ai,
ac meddaf, **ac m**eddai,
ac meddwn, **ac m**eddem,
ac megis, **ac m**ewn, **ac mi**,
ac mor

ac na, **ac n**ac, **ac n**ad, **ac ni**,
ac nid

ac roeddwn, **ac r**oedd,
ac roeddem, **ac r**oeddech,
ac roeddent, **ac r**ydw i,
ac rydych chi/chwi

ac sydd

Cofier: **a** (nid: ac) o flaen geiriau'n dechrau â'r llythyren **h** (ac efallai y bydd cofio am Wil **a H**arri o gymorth yn hyn o beth): e.e.,

a heb (nid: *ac* heb)
a heblaw (nid: *ac* heblaw)
a heddiw (nid: *ac* heddiw)
a hefyd (nid: *ac* hefyd)
a heno (nid: *ac* heno)
a hwn(nw) (nid: *ac* hwn[nw])
a hon(no) (nid: *ac* hon[no])
a hyn(ny) (nid: *ac* hyn[ny])

Cofier: ac eithrio (nid: *ag* eithrio)

Ar ôl **a**, treiglir **gan, gyda** yn llaes:

a chan (e.e., **a ch**anddo,
a chanddynt, etc.)
a chyda (e.e., **a ch**yda llaw)

A'i (nid: *ac* ei)
e.e., yr eneth **a'i** thad

Defnyddir **a** yn hytrach nag *os* mewn cwestiwn anuniongyrchol: e.e., Gofynnais **a** oedd yn barod. (nid: Gofynnais *os* oedd yn barod)

Ar lafar, seinir y cysylltair **ac** (sy'n golygu *and* yn Saesneg) yn **ag** ond ni ddylid ei ysgrifennu felly.

Â/AG
Arddodiad yw **â** sy'n cael ei ddefnyddio o flaen gair sy'n dechrau â chytsain.

Gall olygu **gyda/efo:** e.e.,
Torrodd ei fys **â** chyllell finiog.

neu gall fod yn gyfystyr â'r Saesneg *as*: e.e., cymaint **â** chawr

neu gall ddilyn berfenw neu ferf: e.e., aeth **â**; anghytuno **â**; cysylltodd **â**; cyffwrdd **â**; daeth **â**; dod **â**; mynd **â**; peidio **â**; ymweld **â**; etc.

Ffurf ar **â** yw **ag**, sy'n cael ei ddefnyddio o flaen gair yn dechrau â llafariad.

Gall olygu **gyda/efo:** e.e., Torrodd ei fys **ag** erfyn miniog.

neu gall fod yn gyfystyr â'r Saesneg *as*: e.e., cymaint **ag** eliffant

neu gall ddilyn berfenw neu ferf: e.e., cyffyrddodd **ag** ef; ymweld **ag** ef; mynd **ag** ef; dod **ag** ef, etc.

absennol
absenoldeb, *eg*. (*ll*. absenoldebau)
acen, *eb*. (*ll*. acenion)
acennog
acennu
achlysur, *eg*. (*ll*. achlysuron)
achlysurol
achub
achwyn
achwynwr, *eg*. (*ll*. achwynwyr)
adain, *eb*. (*ll*. adenydd)
ad-dalu
ad-daliad, *eg*. (*ll*. ad-daliadau)
ad-drefnu

ADENNILL
Un **n** sydd ym mhob un o ffurfiau'r ferf hon: e.e.,
ade**n**illaf, ade**n**illwn, ade**n**illir, ade**n**illais, ade**n**illodd, ade**n**illwyd

ADFEDDIANNU
Mae angen cadw'r **-nn-** ym mhob un o ffurfiau'r ferf hon heblaw am y rhai hynny sy'n cynnwys **-as-** yn y terfyniad: e.e.,
adfeddia**nn**af, adfeddia**nn**wn, adfeddia**nn**odd, adfeddia**nn**wyd

ond
adfeddia**n**asom, adfeddia**n**asoch, adfeddia**n**asant

Sylwer, hefyd: Bydd **e** yn cymryd lle'r **a** mewn rhai ffurfiau: e.e.,
adfeddi**enn**ais, adfeddi**enn**ir

adran, *eb*. (*ll*. adrannau)
adrannol

ADREF/GARTREF
Mae **adref** yn gyfystyr â'r Saesneg *homewards* a chaiff ei ddefnyddio pan gyflëir gweithred o symud gan y ferf: e.e.,
mynd **adref**; cerddodd **adref**; rhedais **adref**, etc.

Mae **gartref** yn gyfystyr â'r Saesneg *at home*: e.e.,
roeddwn i **gartref** yn ddiogel; doedd fy nghyfeillion ddim **gartref**.

ADDO
addo (nid: gaddo) e.e.,
roeddwn wedi **addo** mynd yno.
addawaf, addäwn, addawant,
addawswn, addawsai,
addawsem, addawsent,
addawodd, addawsom,
addawsoch, addawsant,
addawyd

Ond sylwer: Bydd **e** yn cymryd lle'r **a** yn yr ail sillaf mewn rhai ffurfiau: e.e.,
add**e**wi, add**e**wch, add**e**wir,
add**e**wais, add**e**waist

addysg, *eb.*
addysgedig
addysgiadol
addysgol
aelod, *eg.* (*ll.* aelodau)
aelodaeth, *eb.*

-AETH
Benywaidd yw'r rhan fwyaf o'r enwau sy'n gorffen ag **-aeth**: e.e.,
trafodaeth; gweledigaeth;
siomedigaeth; genedigaeth;
gweinyddiaeth

ond y mae ambell EITHRIAD:
e.e., gwasanaeth; hiraeth

aethoch chi (nid: euthoch chi)
aethom (**ae**thom ni ond **eu**thum i)

AF (= rydw i'n [arfer] mynd/byddaf i'n mynd)
e.e., **Af** i'r ysgol bob dydd.
Mi **a'** i yno ddydd Llun.

afiechyd, *eg.* (*ll.* afiechydon)
aflêr
aflerwch, *eg.*

aflonydd
aflonyddu
aflonyddwch, *eg.*
aflwyddiannus
afreolaidd
afreolus
agosáu
angen, *eg.* (*ll.* anghenion)
anghenog
anghenraid, *eg.*
(*ll.* angenrheidiau)
angenrheidiol
angenrheidrwydd, *eg.*
anghenus
anghenfil, *eg.* (*ll.* angenfilod)
angheuol
anghofio
anghofiedig
anghofus
anghredadun, *eg.*
(*ll.* anghredinwyr)
anghredadwy
anghrediniaeth, *eb.*
anghrediniol
anghrediniwr, *eg.*
(*ll.* anghredinwyr)
anghrist(io)nogol
anghydfod, *eg.*
anghydweld
anghyfleus
anghyfleuster, *eg.*
anghyfleustra, *eg.*
anghysbell
anghytûn
anghytuno
anghytundeb, *eg.*
(*ll.* anghytundebau)
angof
ond ang**h**ofiedig, ang**h**ofio,
ang**h**ofus

Ai (geiryn gofynnol, ar ddechrau cwestiwn)
e.e., **Ai** dyma'r disgybl gorau?

Âi (= roedd ef/hi yn [arfer] mynd, byddai'n mynd)
e.e., Pan **âi** i'r capel, canai emynau.

ailadrodd
ailafael
ailddarllen
ailddweud
ailfeddwl
ail-law
ail-wneud
ailystyried
allanol

AM
Mae gan yr arddodiad **am** ffurfiau personol:

amdanaf (i)
amdanat (ti)
amdano (ef)/amdani (hi)
amdanom (ni)
amdanoch (chi/chwi)
amdanynt (hwy)

Digwydd y ffurf *amdan* drwy gydweddiad â ffurfiau personol yr arddodiad **am**. Cywirach fyddai ysgrifennu **am** eich ffrindiau (yn hytrach nag *amdan* eich ffrindiau).

amau
amheuaf, amheua, amheuwn, amheuwch, amheuant, amheuir, amheuais, amheuodd, amheuwyd
amheuaeth, *eb.* (*ll.* amheuon)
amheus

AMDDIFFYN
Mae angen dyblu'r **n** ym mhob un o ffurfiau'r ferf hon heblaw am y rhai hynny sy'n cynnwys **-as-** yn y terfyniad: e.e.,
amddiffy**nn**af, amddiffy**nn**wn, amddiffy**nn**wch, amddiffy**nn**ant, amddiffy**nn**ir, amddiffy**nn**ais, amddiffy**nn**odd, amddiffy**nn**wyd

ond
amddiffy**n**asom, amddiffy**n**asoch, amddiffy**n**asant

amddiffy**nn**wr, *eg.* (*ll.* amddiffy**n**wyr)
amddiffy**nn**ol

amgáu
amgaeaf, amgaei, amgaea, amgaewn, amgaewch, amgaeant, amgaeir, amgaeais, amgaeodd, amgaeasom, amgaeasoch, amgaeasant, amgaewyd
amgaeedig
amgueddfa, *eb.* (*ll.* amgueddfeydd)

AMGYLCHYNU
Un **n** sydd ym mhob un o ffurfiau'r ferf hon: e.e.,
amgylchy**n**af, amgylchy**n**ir, amgylchy**n**odd, amgylchy**n**wyd

amgylchy**n**ol

amhenodol
amhersonol
amheuaeth, *eb.* (*ll.* amheuon)
amheus
amheuthun

amhriodol
amhrisiadwy
amhroffesiynol
amlen, *eb.* (*ll.* amlenni)

AMLWG
amly**ced**, amly**cach**, amly**caf**
(Dylid osgoi *yn fwy amlwg, yn fwyaf amlwg*)

amrant, *eg.* (*ll.* amrannau)
amryw
amrywiaeth, *egb.*
amrywio
amrywiol
amserlen, *eb.* (*ll.* amserlenni)

AN- + D- = ANN-
Cofier y fformiwla uchod.

Mae rhoi **AN-** o flaen gair yn dechrau gyda'r llythyren **D-** yn peri newid i **ANN-**
e.e., **an-** + **d**ifyr = **ann**ifyr
an- + **d**iolchgar = **ann**iolchgar

AN- + T- = ANNH-
Cofier y fformiwla uchod.

Mae rhoi **AN-** o flaen gair yn dechrau gyda'r llythyren **T-** yn peri newid i **ANNH-**
e.e., **an-** + **t**eg = **annh**eg
an- + **t**ebyg = **annh**ebyg

ond y mae EITHRIAD:
AN- + TR- = ANHR-
e.e., **an-** + **t**refn = **anh**refn
an- + **t**rugarog = **anh**rugarog

anerchiad, *eg.* (*ll.* anerchiadau)

ANFON
Un **n** sydd ym mhob un o ffurfiau'r ferf hon: e.e.,
anfo**n**af, anfo**n**wn, anfo**n**wch, anfo**n**ir, anfo**n**ais, anfo**n**odd, anfo**n**asom, anfo**n**wyd

anfo**n**eb, *eb.* (*ll.* anfo**n**ebau)

Cofier: anfon **at** *rywun* ond
anfon **i** *rywle*

anhawster, *eg.* (*ll.* anawsterau)
anhrefn, *eb.*
anhrefnus
anhrugarog
anhygoel
annaearol
annaturiol
annaturioldeb, *eg.*
annealladwy
annealltwriaeth, *eb.*
anneallus
annerbyniol

ANNERCH
Un **n** sydd ym mhob un o ffurfiau'r ferf hon: e.e.,
a**n**erchaf, a**n**erchir,
a**n**erchais, a**n**erchodd, a**n**erchwyd

a**n**erchiad, *eg.* (*ll.* a**n**erchiadau)

annhebyg
annhebygol
annheg
annhegwch, *eg.*
annheilwng
annheilyngdod, *eg.*
annheimladwy
annherfynol

anniben
annibendod, *eg.*
annibyniaeth, *eb.*
Annibynnwr, *eg.* (*ll.* Annibynwyr)
annibynnol
anniddig
anniddigrwydd, *eg.*
anniddorol
annifyr
annifyrred, annifyrrach, annifyrraf,
annifyrrwch, *eg.*
annigonol
annioddefgar
annioddefol
anniolchgar
anniolchgarwch, *eg.*
annisgwyl
annisgwyliadwy
annisgwyliedig
annisgybledig
anniwylliedig
annoeth
annoethineb, *eg.*

ANNOG
Un **n** sydd ym mhob un o ffurfiau'r ferf hon: e.e.,
a**n**ogaf, a**n**ogwn, a**n**ogwch, a**n**ogir,
a**n**ogais, a**n**ogodd, a**n**ogwyd

a**n**ogaeth, *eb.*

annuwiol
annwyd, *eg.* (*ll.* anwydau)
anwydog
annwyl (Gweler hefyd **ANWYLO** isod)
annymunol
anobaith, *eg.*
anobeithiol
anochel
anodd
anhawsed, anos, anhawsaf
anodded, anoddach, anoddaf
anogaeth, *eb.*
anonest
anonestrwydd, *eg.*
anorffenedig
anrheg, *eb.* (*ll.* anrhegion)
anrhegu

ÂNT (= maen nhw'n [arfer] mynd/byddant hwy'n mynd)
e.e., **Ânt** am dro i'r dref weithiau.

anufudd
anufudd-dod, *eg.*
anufuddhau
anwar
anwaraidd
anwareiddiedig
anwastad
anwastadrwydd, *eg.*
anweddus
anweledig
anwiredd, *eg.* (*ll.* anwireddau)
anwybodaeth, *eb.*
anwybodus

ANWYLO
Un **n** sydd ym mhob un o ffurfiau'r ferf hon: e.e.,
a**n**wylaf, a**n**wylir,
a**n**wylais, a**n**wylodd, a**n**wylwyd

a**nn**wyl
a**n**wyldeb
a**n**wyled, a**n**wylach, a**n**wylaf
a**n**wylyd, a**n**wylyn, *eg.*
(*ll.* a**n**wyliaid)

anysgrifenedig
anystwyth

anystyriol
apêl, *eb.* (*ll.* apeliadau)
  apelio

A'R
Mae **a'r** yn gyfystyr â'r Saesneg *and the*: e.e.,
  y brawd **a'r** chwaer; y ci **a'r** gath

Â'R
Gall **â'r** fod yn gyfystyr â'r Saesneg:

a) *with the*
  e.e., Torrodd ei fys **â'r** gyllell.

b) *as the*
  e.e., cyn ddued **â'r** frân

neu gall fod yn rhan o'r ferf *mynd*, sef y trydydd person, unigol, amser presennol neu'r dyfodol: e.e.,

Â'r wraig i'r dref bob dydd.
(h.y., mae hi'n mynd i'r dref/bydd hi'n mynd . . .)

AR
Mae **ar** yn gyfystyr â'r Saesneg *on* e.e., Rhoddodd ei law **ar** y Beibl.

Mae gan yr arddodiad **ar** ffurfiau personol:

arnaf (i)	arnom (ni)
arnat (ti)	arnoch (chi/chwi)
arno (ef)	arnynt (hwy)
arni (hi)	

Mae nifer o ymadroddion cyfarwydd yn dechrau ag **ar**, e.e.,

ar adegau	**ar** glawr
ar amrantiad	**ar** gof a chadw
ar ben	**ar** goll
ar brydiau	**ar** grwydr
ar ddamwain	**ar** gychwyn
ar ddechrau	**ar** gynnydd
ar fai	**ar** hyd ac **ar** led
ar fin	**ar** ôl
ar frys	**ar** unwaith
ar gael	**ar** wasgar
ar gerdded	**ar** y blaen

Mae'r adferf **arnodd** yn cael ei defnyddio mewn ymadroddion megis 'rhoi'r golau **arnodd**'.

Cofier, hefyd, am **AR WAHÂN** (a ffordd o gofio bod yr ymadrodd hwn yn cael ei sillafu'n **ddau** air yw cofio eu bod **ar wahân**!).

ÂR
Digwydd **âr**, gan amlaf, yn yr ymadrodd **tir âr**, sef tir wedi'i aredig.

ar wahân
  arwahander, *eg.*
  arwahanrwydd, *eg.*
arbennig
  arbenigedd, *eg.*
    (*ll.* arbenigeddau)
  arbenigo
  arbenigol
  arbenigrwydd, *eg.*
  arbenigwr, *eg.* (*ll.* arbenigwyr)
arddangos
  arddangosaf, arddangoswn, arddangosir, arddangosais, arddangosodd, arddangoswyd
  arddangosfa, *eb.*
    (*ll.* arddangosfeydd)

ARDDODIAID
Ni ddylid gorffen brawddeg, fel rheol, gydag arddodiad:

O ble'r wyt ti'n dod?
(nid: Ble'r wyt ti'n dod o?)
I ble'r wyt ti'n mynd?
(nid: Ble'r wyt ti'n mynd i?)
Am bwy'r oedd Siôn yn siarad?
(nid: Pwy oedd Siôn yn siarad am?)

Mae arddodiaid yn dilyn nifer o ferfau (ac yn aml yn rhan ohonynt), e.e.,

anelu **at**
cofio **am/at**
cyd-weld **â (ag)**
cyffwrdd **â (ag)**
cysgodi **rhag**
cytuno **â (ag)**
chwerthin **am** (ben)
digio **wrth**
dod **â (ag)**
dweud **wrth/am**
dylanwadu **ar**
edrych **ar/dros**
effeithio **ar**
gofyn **i/am**
gwrando **ar**
mynd **â (ag)**
peidio **â (ag)**
siarad **am/gyda/ â (ag)**
ymweld **â (ag)**
ysgrifennu **at**

Mae nifer o arddodiaid yn achosi treiglad meddal yn y gair sy'n eu dilyn (a dysgwch y 'pennill' bach a ganlyn ar eich cof):

am, ar, at,
i, o, dan,
heb, dros, drwy,
hyd, wrth, gan.

e.e., **Am dd**au, **ar b**nawn Iau, cerddais **at g**yfaill, **i F**angor **o G**aernarfon, **dan b**ont, **heb w**eld neb, **dros d**raffordd, **drwy d**wnnel, ac aros **hyd dd**ydd y farn **wrth w**esty, **gan dd**isgwyl ei weld.

arddull, *egb.* (*ll.* arddulliau)
argae, *eg.* (*ll.* argaeau)
arhosfan, *egb.* (*ll.* arosfannau)

ARIANNU
Mae angen cadw'r **-nn-** ym mhob un o ffurfiau'r ferf hon heblaw am y rhai hynny sy'n cynnwys **-as-** yn y terfyniad: e.e.,
aria**nn**af, aria**nn**wn, aria**nn**wyd

Sylwer hefyd: Bydd **e** yn cymryd lle'r **a** yn yr ail sillaf mewn rhai ffurfiau: e.e., ari**enn**ir

aria**nn**og
aria**nn**ol
aria**nn**wr, *eg.* (*ll.* aria**n**wyr)

arwyddocâd, *eg.*
arwyddocáu

-AS-
Os oes **-as-** yn nherfyniad ffurfiau personol berf (a bod dwy **n** neu ddwy **r** yn y berfenw ac/neu yn y ffurfiau eraill), ni ddyblir y gytsain: e.e.,
cy**rr**aedd *ond* cy**r**aeddasom
ty**nn**u *ond* ty**n**asant

astudio
astudiaeth, *eb.* (*ll.* astudiaethau)

AT
Mae gan yr arddodiad **at** ffurfiau personol:

ataf (i)
atat (ti)
ato (ef)
ati (hi)
atom (ni)
atoch (chi/chwi)
atynt (hwy)

Ymadroddion i'w cofio:

a) mynd **at** y meddyg/deintydd
(nid: mynd i'r meddyg/deintydd)
b) ysgrifennu **at** rywun
(nid: ysgrifennu i rywun)
c) anfon llythyr **at** rywun

awdur, *eg.* (*ll.* awduron)
awyren, *eb.* (*ll.* awyrennau)

B

bachgennyn, *eg.*
bachgennaidd
balŵn, *egb.* (*ll.* balŵns, balwnau)
baner, *eb.* (*ll.* baneri, banerau)
barrug, *eg.*
barugog
bathodyn, *eg.* (*ll.* bathodynnau)

BILIWN
biliwn, *eb.* (*ll.* biliynau)

Gan fod **biliwn** a **miliwn** yn fenywaidd, mae angen eu treiglo'n feddal (ar ôl *dwy*, er enghraifft). Gall hynny achosi trafferthion, megis:

dwy + biliwn: dwy **f**iliwn
dwy + miliwn: dwy **f**iliwn

Er mwyn osgoi'r amryfusedd hwn, awgrymir *peidio â threiglo* **biliwn** yn feddal (ar ôl dwy, tair, mae gen i, etc.).

Felly, dwy **f**iliwn = 2,000,000
dwy **b**iliwn = 2,000,000,000

blaendal, *eg.* (*ll.* blaendaliadau)
blaenoriaeth, *eb.*
(*ll.* blaenoriaethau)
blêr
blerwch, *eg.*
blith draphlith

BLWYDD/BLYNEDD
Mae **blwydd** a **blynedd** yn treiglo'n drwynol ar ôl **un, pum, saith, wyth, naw, deunaw, ugain** a **can**: e.e.,
un mlwydd, **pum m**lynedd, **saith m**lynedd, **wyth m**lwydd, **naw m**lwydd, **deunaw m**lynedd, **ugain m**lwydd, **can m**lynedd

ac felly hefyd ar ôl **deg**, **deuddeg** a **pymtheg,** gan achosi newid yn nherfyniad y geiriau hynny, e.e.,
de**ng m**lynedd, deudde**ng m**lynedd, pymthe**ng m**lwydd oed

Sylwer: **chwe b**lwydd; **chwe b**lynedd (er bod 'chwe **m**lwydd' a 'chwe **m**lynedd' yn gyffredin iawn ar lafar y dyddiau hyn).

blwydd-dal, *eg.*
(*ll.* blwydd-daliadau)

BOD
a bod (nid: a fod)
e.e., Clywsai ei fod gartref **a b**od ei deulu gydag ef.

er bod (nid: er fod)
e.e., Gweithiodd yn galed **er b**od ei fraich yn brifo.

efallai fod (nid: efallai bod)

Nid: oes angen treiglo **bod** ar ôl berfenw *nac* ar ôl ffurfiau amhersonol y ferf: e.e.,
gweld **b**od; dweud **b**od;
gwelir **b**od; **d**ywedwyd bod.

(Y dyddiau hyn, fodd bynnag, tueddir i arfer, ac i dderbyn 'gweld **f**od', 'dweud **f**od', etc.)

ond ar ôl ffurfiau personol cryno y ferf, treiglir **bod** yn feddal: e.e.,
gwelaf **f**od; dywedodd **f**od.

bôn, *eg.* (*ll.* bonion)
bonyn, *eg.* (*ll.* bonion)
bore, *eg.* (*ll.* boreau)
boreol
brad, *eg.*
bradychu
braf
brân, *eb.* (*ll.* brain)
bras

BRAWDDEGU
Ni ellir dechrau brawddeg yn gadarnhaol ac yna'i throi'n negyddol: e.e.,
Nid yw'n mynd/**Dydi o ddim** yn mynd. (nid: Mae o ddim yn mynd)

brechdan, *eb.* (*ll.* brechdanau)
breuddwyd, *egb.* (*ll.* breuddwydion)
breuddwydio
bro, *eb.* (*ll.* broydd)

BRON Â (nid: bron a)
e.e., Roedd yr eneth **bron â** fferru.

bron, *eb.*
(*ll.* 1. bronnau = *breasts*;
2. bronnydd = *hillsides*)
brws, *eg.* (*ll.* brwsys)
brwsio
budr
budron
butred, butrach, butraf
budd-dal, *eg.* (*ll.* budd-daliadau)

BÛM (nid: bum) (Person cyntaf, unigol, amser gorffennol, y ferf *bod*)
e.e., **Bûm** yn pendroni'n hir ynglŷn â hyn.

bwthyn, *eg.* (*ll.* bythynnod)
bwydlen, *eb.* (*ll.* bwydlenni)

BWYTÂF (= rydw i'n [arfer] bwyta/byddaf i'n bwyta)
e.e., **Bwytâf** frecwast mawr bob bore.

byd-eang
byd-enwog
byr
byrred, byrrach, byrraf
bywiocáu

C

caban, *eg.* (*ll.* cabanau)
cacen, *eb.* (*ll.* cacennau)
caead, *eg.* (*ll.* caeadau)
caer, *eb.* (*ll.* ceyrydd, caerau)
cangen, *eb.* (*ll.* canghennau)
canghennog
canghennu

CÂI (= roedd ef/hi yn [arfer] cael)
e.e., **Câi** hwyl wrth chwarae pêl-droed.

calon, *eb.* (*ll.* calonnau)
calondid
calonnog
calonogol
cam-drin
camdriniaeth, *eb.*
camddeall
camddealltwriaeth, *eb.*
camgymryd
camgymeraf, camgymerwn, camgymerwch, camgymerant, camgymerir, camgymerais, camgymerodd, camgymerwyd
camgymeriad, *eg.* (*ll.* camgymeriadau)

CAN/CANT, *eg.* (*ll.* cannoedd)

Can o flaen enw: e.e., **can** mlynedd, **can** punt/**can**punt

Cant pan na fo enw'n dilyn: e.e., **cant** o lo, **cant** a mil

Ond sylwer: Cant oed

can (hen air sy'n golygu gwyn, e.e., bara **can**)
cân, *eb.* (*ll.* caneuon)

CANFU (Trydydd person, unigol, amser gorffennol, y ferf *canfod*)
e.e., **Canfu** ffeithiau diddorol yn y llyfrgell.
(nid: canfuodd *na* canfyddodd)

CANFÛM (Person cyntaf, unigol, amser gorffennol, y ferf *canfod*)
e.e., **Canfûm** drysorau drud yn yr hen gist.
(nid: canfyddais)

caniatáu
caniatâf, caniatei, caniatâ, caniatawn, caniatewch, caniatânt, caniateir, caniateais, caniataodd, caniatawyd
caniatâd, *eg.*
caniataol
canlynol
cannwyll, *eb.* (*ll.* canhwyllau)
canhwyllbren, *egb.* (*ll.* canwyllbrenni, canwyllbrennau)
canol
canoli
canolig
canolog
canolbwyntio
canolbwyntiaf, canolbwyntiwn, canolbwyntiwch, canolbwyntiant, canolbwyntir, canolbwyntiais, canolbwyntiodd, canolbwyntiwyd
canolfan, *egb.* (*ll.* canolfannau)
canolwr, *eg.* (*ll.* canolwyr)
canran, *eb.* (*ll.* canrannau)
cant, *eg.* (*ll.* cannoedd)
(Gweler **CAN/CANT** uchod)

CÂNT (maen nhw'n [arfer] cael/byddant hwy'n cael)
e.e., **Cânt** eu dŵr yn rhatach yn Lloegr.

CANU (= *to sing*)
Un **n** sydd ym mhob un o ffurfiau'r ferf hon: e.e.,
ca**n**af, câ**n**, ca**n**wn, ca**n**ant, ca**n**odd, ca**n**asom, ca**n**asoch, ca**n**asant, ca**n**wyd

Bydd **e** yn cymryd lle'r **a** mewn rhai ffurfiau: e.e.,
ce**n**i, ce**n**wch, ce**n**ir, ce**n**ais, ce**n**aist

ca**n**wr, *eg.* (*ll.* ca**n**wyr)

Sylwer: ca**nn**u (= *to bleach, to whiten*)

câr, *eg.* (*ll.* ceraint)
carafán, *eb.* (*ll.* carafanau)
carfan, *eb.* (*ll.* carfanau)
cariad, *eg.* (*ll.* cariadau, cariadon)
carrai, *eb.* (*ll.* careiau)
carreg, *eb.* (*ll.* cerrig)
caregog
cartref, *eg.* (*ll.* cartrefi)
(Gweler **ADREF/GARTREF** uchod)
cas
casáu,
casâf, casei, casâ, casawn, casewch, casânt, caseir, casawn, caseit, casâi, casaem, casaech, casaent, caseid, caseais, casaodd, casawyd
casét, *eg.* (*ll.* casetiau)
cau
caeaf, caewn, caewch, caeant, caeir, caeais, caeodd, caeasom, caewyd
caead *eg.* (*ll.* caeadau)
caeedig
cefnder, *eg.* (*ll.* cefnderoedd, cefndyr, cefndryd, cefnderwyr, cefnderon)
cêl (= *dirgel, o'r golwg*, fel yn yr ymadrodd *dan gêl*)
cenfigennu
cenfigennus
cenllysg
cerflun, *eg.* (*ll.* cerfluniau)
cerflunio
cerfluniwr, cerflunydd, *eg.* (*ll.* cerflunwyr)
cinio, *egb.* (*ll.* ciniawau)
clên
clenied, cleniach, cleniaf
clêr (1. beirdd neu gerddorion crwydrol; 2. *ll.* cleren, sef pryf)
clo, *eg.* (*ll.* cloeau, cloeon)
cloëdig
clorian, *eb.* (*ll.* cloriannau)
cloriannu
clust, *eb.* (*ll.* clustiau)
clustfeinio
coch
coched, cochach, cochaf
coelio
cof
cofiadwy
cofiant (*ll.* cofiannau)
cofiannwr, cofiannydd, *eg.* (*ll.* cofianwyr)

COFNODION
Cofier mai COFNODION yw'r enw a roddir ar y crynodeb a wneir o'r hyn a drafodwyd ac a bender-

fynwyd mewn cyfarfod (sef *Minutes* yn Saesneg OND nid Munudau yn Gymraeg!).

coffáu
  coffâf, cofféi, coffâ, coffawn, coffewch, coffânt, cofféir, coffeais, coffaodd, coffawyd
    coffâd, *eg.*
copi, *eg.* (*ll.* copïau)
  copïo
  copïwr, *eg.* (*ll.* copïwyr)
côr, *eg.* (*ll.* corau)
côt/cot, *eb.* (*ll.* cotiau)
cragen, *eb.* (*ll.* cregyn)
cred
  credadun, *eg.* (*ll.* credinwyr)
  credu
crëwr, *eg.* (*ll.* crewyr)
Cristion, *eg.* (*ll.* Crist[io]nogion)
  Crist(io)nogaeth, eb.
  Crist(io)nogol
crocbris, *eg.*
crochenydd, *eg.* (*ll.* crochenyddion)
croesfan, *eb.* (*ll.* croesfannau)
croeso
  croesawaf, croesäwn, croesewch, croesawant, croesewir, croesewais, croesawodd, croesawyd
cronni
croyw
crud (= gwely babi), *eg.* (*ll.* crud[i]au)
cryd (= cryndod, twymyn, afiechyd), *eg.*
  cryd y cymalau, cricymala', *eg.*
cryg
  cryglyd
  crygni, *eg.*
  crygu

crynhoi
  crynhoaf, crynhown, crynhowch, crynhoir, crynhoais, crynhodd, crynhowyd
    crynodeb, *eg.* (*ll.* crynodebau)
    crynoder, *eg.*
crynu
crys, *eg.* (*ll.* crysau)
crystyn, *eg.* (*ll.* crystiau)
cuddio (nid: cuddiad)
  cuddiedig
cul
  culhau
  culni, *eg.*
cusan, *ebg.* (*ll.* cusanau)
  cusanu
cwbl
  cwblhau
cwestiwn, *eg.* (*ll.* cwestiynau)
  cwestiynu (ond, gan amlaf, byddai'n well defnyddio *holi* neu *amau* yn hytrach na *cwestiynu*)
cwmni, *eg.* (*ll.* cwmnïau)
  cwmnïaeth, *eb.*
cwpan, *ebg.* (*ll.* cwpanau)
cwrs, *eg.* (*ll.* cyrsiau)

CYCHWYN
Mae angen dyblu'r **n** ym mhob un o ffurfiau'r ferf hon heblaw am y rhai hynny sy'n cynnwys **-as-** yn y terfyniad: e.e.,
  cychwy**nn**af, cychwy**nn**wn cychwy**nn**wch, cychwy**nn**ant, cychwy**nn**ir, cychwy**nn**ais, cychwy**nn**odd, cychwy**nn**wyd

ond
  cychwy**n**asom, cychwy**n**asoch, cychwy**n**asant.

cychwy**nn**ol

Mae cyngerdd neu gêm neu araith yn *dechrau*

ond
cychwyn a wna car neu drên, a *chychwyn* ar daith a wneir.

cyd-dynnu
cyd-ddigwyddiad, *eg.* (*ll.* cyd-ddigwyddiadau)
cyd-fynd
cyd-fyw
cydgerdded
cydgysylltwr, cydgysylltydd, *eg.* (*ll.* cydgysylltwyr)
cydgysylltu
cydgysylltiol
cydnabod
cydnabyddedig
cydnabyddiaeth, *eb.*
cydran, *eb.* (*ll.* cydrannau)
cydsyniad, *eg.* (*ll.* cydsyniadau)
cydsynio
cydsyniol
cydweddu
cydweithio
cydweithiwr, *eg.* (*ll.* cydweithwyr)
cydweithredu
cydweithrediad, *eg.*
cydweithredol
cydweithredwr, *eg.* (*ll.* cydweithredwyr)
cyd-weld
cydwladol
cydymaith, *eg.* (*ll.* cymdeithion)
cydymffurfio
cydymffurfiwr, *eg.* (*ll.* cydymffurfwyr)

cyfadran, *eb.* (*ll.* cyfadrannau)
cyfadrannol
cyfan gwbl
cyfannu
cyfarfod, *eg.* (*ll.* cyfarfodydd)

CYFARFU (nid: *cyfarfuodd* na *cyfarfyddodd*)
e.e., **Cyfarfu** Wil â'i gyfaill yn y chwarel.

cyfarwyddo
cyfarwyddwr, *eg.* (*ll.* cyfarwyddwyr)
cyfarwyddyd, *eg.* (*ll.* cyfarwyddiadau)
cyfathrebu
cyfathrebwr, *eg.* (*ll.* cyfathrebwyr)
cyferbynnu
cyferbyniad, *eg.* (*ll.* cyferbyniadau)
cyferbyniol
cyfiawnhad, *eg.*
cyfieithu
cyfieithaf, cyfieithwn, cyfieithwch, cyfieithant, cyfieithir, cyfieithais, cyfieithodd, cyfieithwyd
cyfieithiad, *eg.* (*ll.* cyfieithiadau)
cyfieithydd, *eg.* (*ll.* cyfieithwyr)
cyfle, *eg.* (*ll.* cyfleoedd)
cyfleus
cyfleuster, *eg.* (*ll.* cyfleusterau)
cyfleustra, *eg.*
cyflym
cyflymed, cyflymach, cyflymaf
cyflymder, *eg.* (*ll.* cyflymderau)
cyflymdra, *eg.*
cyfnither, *eb.* (*ll.* cyfnitheroedd, cyfnitherod)

CYFRANNU
Mae angen cadw'r **-nn-** ym mhob un o ffurfiau'r ferf hon heblaw am y rhai hynny sy'n cynnwys **-as-** yn y terfyniad: e.e.,
cyfra**nn**af, cyfra**nn**wn,
cyfra**nn**odd, cyfra**nn**wyd

ond
cyfra**n**asom, cyfra**n**asoch,
cyfra**n**asant

Sylwer hefyd: Bydd **e** yn cymryd lle'r **a** yn yr ail sillaf mewn rhai ffurfiau: e.e.,
cyfr**enn**ir, cyfr**enn**ais

cyfran, *eb.* (*ll.* cyfra**nn**au)
cyfra**nn**wr, *eg.* (*ll.* cyfra**n**wyr)

cyfreithloni
cyfrifiadur, *eg.* (*ll.* cyfrifiaduron)
cyfrifiannell, *eb.* (*ll.* cyfrifianellau)
cyfundrefn, *eb.* (*ll.* cyfundrefnau)
cyfyng
  cyfyngder, *eg.* (*ll.* cyfyngderau)
  cyfyngedig
  cyfyngu
cyfyl (fel yn yr ymadrodd *ar gyfyl*)
cyfystyr, *a.* ac *eg.* (*ll.* cyfystyron)
cyffredinol
  cyffredinoli
cyffroi
  cyffroaf, cyffrown, cyffroant,
  cyffroir, cyffroais, cyffrodd,
  cyffrowyd
cyffrous
cyffur, *eg.* (*ll.* cyffuriau)
cynghanedd, *eb.* (*ll.* cynganeddion)
  cynganeddol
  cynganeddu
  cynganeddwr, *eg.*
    (*ll.* cynganeddwyr)

cynghrair, *ebg.* (*ll.* cynghreiriau)
cynghreiriad, *eg.* (*ll.* cynghreiriaid)
cyngor, *eg.*
  (*ll.* 1. cynghorau [= *councils*]
    2. cynghorion [= *advices*])
  cynghori
  cynghorwr (= *counsellor*), *eg.*
    (*ll.* cynghorwyr)
  cynghorydd (= *councillor*), *eg.*
    (*ll.* cynghorwyr)
cyhoedd
  cyhoeddedig
  cyhoeddi
  cyhoeddiad, *eg.* (*ll.* cyhoeddiadau)
  cyhoeddus
  cyhoeddusrwydd, *eg.*
  cyhoeddwr, *eg.* (*ll.* cyhoeddwyr)
cyhuddo
  cyhuddedig
  cyhuddiad, *eg.* (*ll.* cyhuddiadau)
cylchgrawn, *eg.* (*ll.* cylchgronau)
cylchlythyr, *eg.* (*ll.* cylchlythyrau)
  cylchlythyru
cyllell, *eb.* (*ll.* cyllyll)

CYMAINT
Cymaint â/ag (nid: cyn gymaint)
e.e., Mae Siôn **cymaint** â'i frawd.
  Cyfrannodd **gymaint** ag a allai.

cymedrol
  cymedroldeb, *eg.*
  cymedroli
cymell
  cymhelliad, *eg.* (*ll.* cymelliadau)
cymhariaeth, *eb.* (*ll.* cymariaethau)
  cymharu
cymhleth
  cymhlethdod, *eg.*
    (*ll.* cymhlethdodau)
  cymhlethu

cymhorthdal, *eg.*
(*ll.* cymorthdaliadau)
cymhwyso
cymhwyster, *eg.*
(*ll.* cymwysterau)
cymwysedig

CYMRAEG/CYMREIG
Defnyddir **CYMRAEG** i gyfeirio at yr iaith ac, fel ansoddair, i olygu 'yn yr iaith Gymraeg': e.e.,
Llyfr **Cymraeg**; papur **Cymraeg**

Defnyddir **CYMREIG** fel ansoddair yn golygu 'yn perthyn i Gymru neu i'r Cymry': e.e.,
dafad **Gymreig**;
Y Swyddfa **Gymreig**
(nid: dafad Gymraeg;
ac nid: Y Swyddfa Gymraeg)

CYMRU/CYMRY
CYMRU yw'r WLAD
CYMRY yw'r BOBL

cymryd
cymeraf, cymerwn, cymerwch, cymerant, cymerir, cymerais, cymerodd, cymerwyd
cymydog, *eg.* (*ll.* cymdogion)
cymysg
cymysgedig
cymysgedd, *eg.*
(*ll.* cymysgeddau)
cymysgfa, *eb.* (*ll.* cymysgfaoedd)
cymysgu

CYN
Mewn cymariaethau: **cyn . . . â/ag**:
e.e., **cyn** wynned **â**'r eira
cyn goched **ag** afal

Ond cofiwch:

cymaint â/ag (nid: cyn gymaint)
cystal â/ag (nid: cyn gystal)
cynddrwg â/ag (nid: cyn gynddrwg)
cyfuwch â/ag (nid: cyn gyfuwch)
cyhyd â/ag (nid: cyn gyhyd)

Treiglir yn feddal ar ôl **cyn**:
e.e., **cyn g**oched â/ag

ond ni threiglir geiriau'n dechrau ag **ll** neu **rh**:
e.e., **cyn ll**awned; **cyn rh**ated

cyn-
cyn-gadeirydd, *eg.*
(*ll.* cyn-gadeiryddion)
cyn-gyfarwyddwr, *eg.*
(*ll.* cyn-gyfarwyddwyr)
cyn-lywydd, *eg.*
(*ll.* cyn-lywyddion)
cyn-reolwr, *eg.* (*ll.* cyn-reolwyr)
cyn-ysgrifennydd, *eg.*
(*ll.* cyn-ysgrifenyddion)
cŷn, *eg.* (*ll.* cynion)
cynaledig
cynaliadwy
cynffon, *eb.* (*ll.* cynffonnau)
cynffonnwr, *eg.* (*ll.* cynffonwyr)
cynhadledd, *eb.* (*ll.* cynadleddau)
cynadledda
cynadleddwr, *eg.*
(*ll.* cynadleddwyr)
cynhaeaf, *eg.* (*ll.* cynaeafau)
cynaeafu
cynhaliaeth, *eb.*
cynhaliwr, *eg.* (*ll.* cynhalwyr)
Gweler hefyd **CYNNAL** isod
cynhwysyn, *eg.* (*ll.* cynhwysion)

cynhyrchu
  cynhyrchaf, cynhyrchwn,
  cynhyrchwch, cynhyrchant,
  cynhyrchir, cynhyrchais,
  cynhyrchodd, cynhyrchwyd
    cynhyrchiol
    cynnyrch, *eg.* (*ll.* cynhyrchion)
cynhyrfu
  cynhyrfiad, *eg.* (*ll.* cynyrfiadau)
  cynhyrfus
  cynhyrfwr, *eg.* (*ll.* cynhyrfwyr)
cyni
cynigiad, *eg.* (*ll.* cy**n**igiadau)
cynigiwr, *eg.* (*ll.* cy**n**igwyr)
cynllunio
  cynlluniaf, cynlluniwn, cynlluniwch,
  cynlluniant, cynllunnir, cynlluniais,
  cynlluniodd, cynlluniwyd
    cynllun (*ll.* cynlluniau)
    cynlluniedig
    cynllunydd, cynlluniwr, *eg.*
      (*ll.* cynllunwyr)
cynllwyn, *eg.* (*ll.* cynllwynion)

CYNNAL
Mae'r **n ddwbl** (**-nn-**) yn y berfenw yn diflannu ym mhob un o ffurfiau'r ferf hon **OND** mae **h** yn cymryd lle'r ail **n** yn y rhan fwyaf o'r ffurfiau, ac y mae **i** yn rhan o'r terfyniad: e.e.,
  cyn**h**al**i**af, cyn**h**al**i**wn,
  cyn**h**al**i**wch, cyn**h**al**i**ant,
  cyn**h**al**i**odd, cyn**h**al**i**wyd

Bydd **e** yn cymryd lle'r **a** yn yr ail sillaf mewn rhai ffurfiau: e.e.,
  cyn**he**l**i**ais, cyn**he**lir

Yn y ffurfiau sy'n cynnwys **-as-** yn y terfyniad, sillefir y geiriau gydag un **n**, a heb yr **h**: e.e.,
  cy**n**al**i**asom, cy**n**al**i**asai

cy**n**aledig
cy**n**al**i**adwy

cynnar
  cynhared, cynharach, cynharaf
cynnau
  cyneuaf, cyneuwn, cyneuwch,
  cyneuant, cyneuir, cyneuais,
  cyneuodd, cyneuwyd
cynneddf, *eb.* (*ll.* cyneddfau)
cynnes
  cynhesed, cynhesach, cynhesaf
  cynhesu

CYNNIG
Un **n** sydd ym mhob un o ffurfiau'r ferf hon, gydag **i** yn y terfyniad: e.e.,
  cy**n**igiaf, cy**n**igiwn, cy**n**igiwch
  cy**n**igiant, cy**n**igir, cy**n**igiai,
  cy**n**igiem, cy**n**igiais, cy**n**igiodd,
  cy**n**igiasom, cy**n**igiasoch,
  cy**n**igiasant, cy**n**igiwyd

cy**n**igiad, *eg.* (*ll.* cy**n**igiadau)
cy**n**igiwr, *eg.* (*ll.* cy**n**igwyr)
cy**nn**ig, *eg.* (*ll.* cy**n**igion)

cynnil
  cynildeb
  cynilion
  cynilo
cynnull
  cynulleidfa, *eb.*
    (*ll.* cynulleidfaoedd)
  cynulleidfaol
  cynulliad, *eg.* (*ll.* cynulliadau)
cynnwrf, *eg.* (*ll.* cynhyrfau)
  cynhyrfu
  cynhyrfus

CYNNWYS
Mae'r **n ddwbl** (**-nn-**) yn y berfenw yn diflannu ym mhob un o ffurfiau'r ferf hon **OND** mae **h** yn cymryd lle'r ail **n** yn y rhan fwyaf o'r ffurfiau: e.e.,

cyn**h**wysaf, cyn**h**wyswn, cyn**h**wyswch, cyn**h**wysant, cyn**h**wysir, cyn**h**wysai, cyn**h**wysem, cyn**h**wysais, cyn**h**wysodd, cyn**h**wyswyd

Yn y ffurfiau sy'n cynnwys **-as-** yn y terfyniad, sillefir y geiriau gydag un **n**, a heb yr **h**: e.e.,
cy**n**wysasom, cy**n**wysasant

cyn**h**wysyn, *eg.* (*ll.* cyn**h**wysion)
cy**n**wysedig

cynnydd (Gweler hefyd **CYNYDDU** isod)
cynnyrch, *eg.* (*ll.* cynhyrchion)
cynhyrchu
cynhyrchaf, cynhyrchwn, cynhyrchwch, cynhyrchant, cynhyrchir, cynhyrchais, cynhyrchodd, cynhyrchwyd
cynhyrchiol
cynorthwyo
cynorthwyol
cynorthwywr, cynorthwy-ydd, *eg.* (*ll.* cynorthwywyr)
cynrychioli
cynrychiolaeth, *eb.*
cynrychioliadol
cynrychiolydd, *eg.* (*ll.* cynrychiolwyr)

CYNT
Cofier:
y noson **c**ynt (= y noson flaenorol)
rhyw noson **g**ynt (= rhyw noson a fu)

cynulleidfa, *eb.* (*ll.* cynulleidfaoedd)
cynulleidfaol
cynwysedig

CYNYDDU
Un **n** sydd ym mhob un o ffurfiau'r ferf hon: e.e,
cy**n**yddaf, cy**n**yddwn, cy**n**yddwch, cy**n**yddant, cy**n**yddir, cy**n**yddais, cy**n**yddodd, cy**n**yddwyd

cy**nn**ydd
cy**n**yddol

cyrhaeddiad, *eg.* (*ll.* cyraeddiadau)

CYRRAEDD
Mae'r **r ddwbl** (**-rr-**) yn y berfenw yn diflannu ym mhob un o ffurfiau'r ferf hon **OND** mae **h** yn cymryd lle'r ail **r** yn y rhan fwyaf o'r ffurfiau: e.e.,
cy**rh**aeddaf, cy**rh**aeddi, cy**rh**aeddwn, cy**rh**aeddwch, cy**rh**aeddant, cy**rh**aeddir, cy**rh**aeddais, cy**rh**aeddodd, cy**rh**aeddwyd

Yn y ffurfiau sy'n cynnwys **-as-** yn y terfyniad, sillefir y geiriau gydag un **r**, a heb yr **h**: e.e.,
cy**r**aeddasom, cy**r**aeddasoch, cy**r**aeddasant, cy**r**aeddaswn, cy**r**aeddasai

cy**r**aeddadwy
cy**rh**aeddgar
cy**rh**aeddiad, *eg.* (*ll.* cy**r**aeddiadau)

cysoni
  cysondeb, *eg.*

CYSTAL
cystal â/ag (nid: cyn gystal): e.e.,
Mae'r llyfr hwn **cystal â'r** llall.
Mae hwn **cystal ag** unrhyw un o'r lleill.

cystadleuaeth, *eb.* (*ll.* cystadlaethau)
  cystadleuwr, cystadleuydd, *eg.* (*ll.* cystadleuwyr)
  cystadlu
cystrawen, *eb.* (*ll.* cystrawennau)
  cystrawennol
cystudd, *eg.* (*ll.* cystuddiau)
cysur, *eg.* (*ll.* cysuron)
  cysuro
  cysurus
cysylltu
  cysylltiedig
cytgan, *eb.* (*ll.* cytganau)
cytûn
  cytundeb, *eg.* (*ll.* cytundebau)
  cytunedig
  cytuno
cywilydd, *eg.*
  cywilydd-dra, *eg.*
  cywilyddio
  cywilyddus

CH

chwâl (fel yn *ar chwâl*)
chwarae
  chwaraeaf, chwaraewn, chwaraewch, chwaraeant, chwaraeir, chwaraeais, chwaraeodd, chwaraewyd
    chwaraewr, *eg.* (*ll.* chwaraewyr)
    chwareus

CHWE/CHWECH
Chwe o flaen enw: e.e.,
chwe blynedd, **chwe** cheiniog, **chwe** phunt

Chwech pan na fo enw'n dilyn: e.e., **chwech** o bobl, **chwech a hanner**

Ond sylwer: Chwe**ch** oed

Sylwer: chwe **b**lwydd, chwe **b**lynedd (er bod 'chwe **m**lwydd' a 'chwe **m**lynedd' yn gyffredin iawn ar lafar y dyddiau hyn).

chwerthin
  chwarddaf, chwarddwn, chwarddwch, chwarddant, chwerddir, chwerddais, chwarddodd, chwarddwyd
    (nid: chwerthinais, etc.)
      chwerthinllyd

Cofier:
  chwerthin **am** ben rhywun
  (nid: chwerthin ar ben rhywun)

CHWIBANU
Un **n** sydd ym mhob un o ffurfiau'r ferf hon: e.e.,
  chwiba**n**af, chwiba**n**wn, chwiba**n**wch, chwiba**n**ant, chwiba**n**ir, chwiba**n**ais, chwiba**n**odd, chwiba**n**wyd

chwyldro, chwyldroad, *eg.*
  (*ll.* chwyldroadau)

chwyldroadol
chwyldroi
chwyldrowr, *eg.* (*ll.* chwyldrowyr)
chwynnu
chwys, *eg.*
chwysu
chwythu

D

dadl, *eb.* (*ll.* dadleuon)
dadlau
dadleugar
dadleuol

DADLENNU
Mae angen cadw'r **-nn-** ym mhob un o ffurfiau'r ferf hon heblaw am y rhai hynny sy'n cynnwys **-as-** yn y terfyniad: e.e.,
dadle**nn**af, dadle**nn**wn, dadle**nn**wch, dadle**nn**ant, dadle**nn**ir, dadle**nn**ais, dadle**nn**odd, dadle**nn**wyd

ond
dadle**n**asom, dadle**n**asoch, dadle**n**asant

dadle**nn**ol

daear, *eb.* (*ll.* daearau)
daearol
daear (= gwâl), *eb.* (*ll.* deyerydd, daeërydd)
daeargryn, *egb.* (*ll.* daeargrynfâu, daeargrynfeydd)
daearyddiaeth, *eb.*
daearyddol
daethoch chi (nid: deuthoch chi)
dalen, *eb.* (*ll.* dalennau)
dameg, *eb.* (*ll.* damhegion)

DAN
Mae gan yr arddodiad **dan** ffurfiau personol:

danaf (i)	danom (ni)
danat (ti)	danoch (chi/chwi)
dano (ef)	danynt (hwy)
dani (hi)	

Mae'r adferf **danodd** yn gyfystyr ag 'isod'.

dant, *eg.* (*ll.* dannedd)
danheddog
dannoedd

DARGANFU (Trydydd person, unigol, amser gorffennol, y ferf darganfod)
e.e., **Darganfu**'r hen longwyr wledydd pell. (nid: Darganfuodd *na* Darganfyddodd)

DARGANFÛM (Person cyntaf, unigol, amser gorffennol, y ferf *darganfod*) e.e.,
Darganfûm mai ef oedd y disgybl disgleiriaf. (nid: Darganfyddais)

darlith, *eb.* (*ll.* darlithiau, darlithoedd)
darlithydd, *eg.* (*ll.* darlithwyr)
darlun, *eg.* (*ll.* darluniau)
darlunio,
darluniaf, darluniwn, darluniwch, darluniant, darlunnir, darluniais, darluniodd, darluniwyd

DARLLEN
Un **n** sydd ym mhob un o ffurfiau'r ferf hon: e.e.,
darlle**n**af, darlle**n**wn, darlle**n**wch, darlle**n**ant, darlle**n**ir, darlle**n**ais, darlle**n**odd, darlle**n**wyd

darlle**n**wr, darlle**n**ydd, *eg.* (*ll.* darlle**n**wyr)

darparu
darpariaeth, *eb.* (*ll.* darpariaethau)
datrys
deall (nid: deallt *na* dyall *na* dallt)
deallaf, deallwn, deallwch, deallant, deellir, deellais, deallodd, deallwyd
dealladwy
dealledig
dealltwriaeth, *eb.*
deallus
deallusrwydd, *eg.*

DECHRAU
Mae *cyngerdd* neu *gêm* neu *araith* yn **dechrau**
ond
cychwyn a wna *car* neu *drên*, a **chychwyn** ar *daith* a wneir.

dedwydd
dedwyddwch, *eg.*
defnydd, *eg.* (*ll.* defnyddiau)

DENG (nid: deg) o flaen *munud*, *diwrnod*, *mis*, *blwydd* a *blynedd*, o flaen *mil* a *miliwn*, ac o flaen *gwaith*: e.e.,
de**ng** munud, de**ng** **n**iwrnod, de**ng** mis, de**ng** mlwydd, de**ng** mlynedd, de**ng** mil, de**ng** miliwn, de**ngw**aith

deial, *eg.* (*ll.* deialau)
deialo, deialu
deialog: Gweler **DIALOG** isod.

DEL (= tlws, prydferth)
e.e., Gwelais ferch fach **ddel** ddoe

DÊL
e.e., doed a **ddêl**;
pan **ddêl** y gog i ganu . . .

denu
derbyn
derbyniaf/derbynnaf, derbyniwn/derbynnwn, derbyniwch/derbynnwch, derbyniant/derbynnant, derbynnir, derbyniais/derbynnais, derbyniodd/derbynnodd, derbyniwyd/derbynnwyd
derbyniol
derbyniwr, *eg.* (*ll.* derbynwyr)
derbynneb, *eb.* (*ll.* derbynebau)
derbynnydd, *eg.* (*ll.* derbynwyr)

DEUDDENG (nid: deuddeg) o flaen *munud*, *diwrnod*, *mis*, *blwydd* a *blynedd*, o flaen *mil* a *miliwn*, ac o flaen *gwaith*: e.e.,
deudde**ng** munud, deudde**ng** **n**iwrnod, deudde**ng** mis, deudde**ng** mlwydd, deudde**ng** mlynedd, deudde**ngw**aith, deudde**ng** mil, deudde**ng** miliwn

deugain
deunydd, *eg.* (*ll.* deunyddiau)
deuthum i (nid: daethum i)
dewis
dewisaf, dewiswn, dewiswch, dewisant, dewisir, dewisais,

dewisodd, dewisasom,
dewisasoch, dewisasant,
dewiswyd
dewisedig
dewisol
dewislen, *eb.* (*ll.* dewislenni)
diagram, *eg.* (*ll.* diagramau)
diangen
dianghenraid

DIALOG, *egb.* (*ll.* dialogau)
Dyma'r ffurf a gynigir yn *Geiriadur yr Academi* ond mae deialog, *eb.* (*ll.* deialogau) wedi cael ei arfer ar led ers blynyddoedd.

di-alw-amdano
diamheuol
di-asgwrn-cefn
di-ben-draw
dibennu

DIBYNNU
Mae angen cadw'r **-nn-** ym mhob un o ffurfiau'r ferf hon heblaw am y rhai hynny sy'n cynnwys**-as-** yn y terfyniad: e.e.,
dibyn**n**af, diby**nn**wn, diby**nn**wch, diby**nn**ant, diby**nn**ir, diby**nn**ais, diby**nn**odd, diby**nn**wyd

ond
diby**n**asom, diby**n**asoch, diby**n**asant

diby**n**adwy (= *dependable*, *reliable*)
diby**nn**ol (*dependant*, *dependent*)
diby**nn**wr, *eg.* (*ll.* diby**n**wyr)

di-dâl
di-dor
di-drais
di-droi'n-ôl
diduedd
diddanu
diddanwr, *eg.* (*ll.* diddanwyr)
di-dderbyn-wyneb
diedifar
dieithr
dieithryn, *eg.* (*ll.* dieithriaid)
dieithriad
dienw
dieuog
(e)difaru
difater
difaterwch
difeddwl
difeddwl-drwg

DIFLANNU
Mae angen cadw'r **-nn-** ym mhob un o ffurfiau'r ferf hon heblaw am y rhai hynny sy'n cynnwys **-as-** yn y terfyniad: e.e.,
difla**nn**af, difla**nn**wn, difla**nn**wch, difla**nn**ant, difla**nn**ir, difla**nn**ais, difla**nn**odd, difla**nn**wyd

ond
difla**n**asom, difla**n**asoch, difla**n**asant

difla**n**edig

di-fudd
difyr
difyrred, difyrrach, difyrraf
difyrrwch, *eg.*
difyrrwr, *eg.* (*ll.* difyrwyr)

DIFYRRU
Mae angen cadw'r **-rr-** ym mhob un o ffurfiau'r ferf hon heblaw am y rhai hynny sy'n cynnwys **-as-** yn y terfyniad: e.e.,

difyr**r**af, difyr**r**wn, difyr**r**wch,
difyr**r**ant, difyr**r**ir, difyr**r**ais,
difyr**r**odd, difyr**r**wyd

ond
difyrasom, difyrasoch, difyrasant

digalonni
  digalonnais, digalonnodd,
  digalonnwyd
digonedd
  digoni
  digonol
digywilydd
  digywilydd-dra
dihareb, *eb.* (*ll.* diarhebion)
dileu
  dileaf, dilëwn, dilëwch, dileant,
  dilëir, dileais, dileodd, dilëwyd
di-log
di-lol
di-lun

DILYN
Un **n** sydd ym mhob un o ffurfiau'r ferf hon: e.e.,
dily**n**af, dily**n**wn, dily**n**wch,
dily**n**ant, dily**n**ir, dily**n**ai, dily**n**em,
dily**n**ech, dily**n**ent, dily**n**ais,
dily**n**odd, dily**n**asom, dily**n**asant,
dily**n**wyd

dily**n**ol

dilys
  dilysu
dim ond (nid: mond)
dimensiwn, *eg.* (*ll.* dimensiynau)
dinesydd, *eg.* (*ll.* dinasyddion)
  dinesig
di-oed

dirdynnu
  dirdynnol
direidi
  direidus
dirmyg
  dirmygu
dirprwy, *eg.* (*ll.* dirprwyon)
  dirprwyaeth, *eb.*
    (*ll.* dirprwyaethau)
  dirprwyedig
  dirprwyo
dirwy, *eb.* (*ll.* dirwyon)
  dirwyo
dirywiad, *eg.*
  dirywio
di-sail
disgwyl
  disgwyliadwy (= *expectable*)
  disgwyliedig (= *expected*)
disgybl, *eg.* (*ll.* disgyblion)
  disgyblaeth, *eb.*
    (*ll.* disgyblaethau)
  disgybledig
  disgyblu

DISGYN
Mae angen dyblu'r **n** ym mhob un o ffurfiau'r ferf hon heblaw am y rhai hynny sy'n cynnwys **-as-** yn y terfyniad: e.e.,
disgy**nn**af, disgy**nn**wn,
disgy**nn**wch, disgy**nn**ant,
disgy**nn**ir, disgy**nn**ai, disgy**nn**em,
disgy**nn**ech, disgy**nn**ent,
disgy**nn**id, disgy**nn**ais,
disgy**nn**odd, disgy**nn**wyd

ond
disgy**n**asom, disgy**n**asant

disgy**n**edig

distawrwydd, *eg.*
distrywio
di-waith
  diweithdra, *eg.*
diwethaf
diwinydd, *eg.* (*ll.* diwinyddion)
  diwinyddiaeth, *eb.*
  diwinyddol
diwrnod, *eg.* (*ll.* diwrnod[i]au)
diwyd
  diwydrwydd, *eg.*
diwydiant, *eg.* (*ll.* diwydiannau)
  diwydiannol
  diwydiannwr, *eg.* (*ll.* diwydianwyr)
diwyg, *eg.*
  diwygiad, *eg.* (*ll.* diwygiadau)
  diwygiedig
  diwygio
diwylliant, *eg.* (*ll.* diwylliannau)
  diwylliannol
  diwylliedig
diysgog

DIYSTYRU
Un **r** sydd ym mhob un o ffurfiau'r ferf hon: e.e.,
  diysty**r**af, diysty**r**wn, diysty**r**wch,
  diysty**r**ant, diysty**r**ir, diysty**r**id,
  diysty**r**ais, diysty**r**odd, diysty**r**wyd

diystyr
diysty**r**wch

dod
  deuaf (dof), deui (doi), daw,
  deuwn (down), deuwch (dowch),
  deuant (dônt), deuir (doir),
  daethwn, daethit, daethai,
  daethem, daethech, daethent,
  daethid, deuthum, daethost,
  daeth, daethom, daethoch,
  daethant, daethpwyd

DOF
(i) = deuaf, e.e., **Dof** acw heno.
(ii) = croes i gwyllt,
  e.e., Nid oes llawer o anifeiliaid
    dof yn y goedwig.

dogfen, *eb.* (*ll.* dogfennau)
  dogfennol
dol, *eb.* (*ll.* doliau)
dôl, *eb.* (*ll.* dolydd)

DÔNT (= deuant)
  e.e., **Dônt** yma bob nos Iau.

dôr, *eb.* (*ll.* dorau)

DOSRANNU
Mae angen cadw'r **-nn-** ym mhob un o ffurfiau'r ferf hon heblaw am y rhai hynny sy'n cynnwys **-as-** yn y terfyniad: e.e.,
  dosra**nn**af, dosra**nn**wn,
  dosra**nn**ant, dosra**nn**odd,
  dosra**nn**wyd

ond
  dosra**n**asom, dosra**n**asoch,
  dosra**n**asant

Sylwer hefyd: Bydd **e** yn cymryd lle'r **a** yn yr ail sillaf mewn rhai ffurfiau: e.e.,
  dosr**enn**wch, dosr**enn**ir,
  dosr**enn**ais

dosra**n**iad, *eg.* (*ll.* dosra**n**iadau)
dosra**nn**wr, *eg.* (*ll.* dosra**n**wyr)

drama, *eb.* (*ll.* dramâu)
  dramatig

dramateiddio, dramaeiddio,
  dramodi, dramodeiddio
dramodydd, *eg.* (*ll.* dramodwyr)
drôr, *eb.* (*ll.* droriau)

DROS
Mae gan yr arddodiad **dros** ffurfiau personol:

drosof (i)	drosom (ni)
drosot (ti)	drosoch (chi/chwi)
drosto (ef)	drostynt (hwy)
drosti (hi)	

Mae'r adferf **drosodd** yn cael ei defnyddio mewn ymadroddion megis 'mae'r cyngerdd **drosodd**' (sef wedi gorffen).

DRWY
Mae gan yr arddodiad **drwy** ffurfiau personol:

drwof (i)	drwom (ni)
drwot (ti)	drwoch (chi/chwi)
drwyddo (ef)	drwyddynt (hwy)
drwyddi (hi)	

Mae'r adferf **drwodd** yn cael ei defnyddio mewn ymadroddion megis 'dowch **drwodd** i'r ystafell fyw'.

dull, *eg.* (*ll.* dulliau)
düwch, *eg.*
dŵad (= dod, dyfod)
dweud
dwfn (nid: dyfn)
  dyfnder, *eg.*
    (*ll.* dyfnderoedd, dyfnderau)
dŵr, *eg.* (*ll.* dyfroedd)
  dyfrhau, dyfrio
dwyieithog
  dwyieithrwydd, *eg.*

dyblygu
  dyblygedig
dychanu
  dychanol
  dychanwr, *eg.* (*ll.* dychanwyr)

DYCHRYN
Un **n** sydd ym mhob un o ffurfiau'r ferf hon: e.e.,
  dychry**n**af, dychry**n**wch,
  dychry**n**ant, dychry**n**ir,
  dychry**n**ais, dychry**n**odd,
  dychry**n**wyd

dychry**n**llyd

dychymyg
  dychmygol
  dychmygu
  dychmygus

DYFYNNU
Mae angen cadw'r **-nn-** ym mhob un o ffurfiau'r ferf hon heblaw am y rhai hynny sy'n cynnwys **-as-** yn y terfyniad: e.e.,
  dyfy**nn**af, dyfy**nn**wn, dyfy**nn**wch,
  dyfy**nn**ant, dyfy**nn**ir, dyfy**nn**ais,
  dyfy**nn**odd, dyfy**nn**wyd

ond
  dyfy**n**asom, dyfy**n**asoch,
  dyfy**n**asant

dyfy**n**iad, *eg.* (*ll.* dyfy**n**iadau)
dyfy**nn**od, *eg.* (*ll.* dyfy**n**odau)

dyffryn, *eg.* (*ll.* dyffrynnoedd)
dymuno
  dymunol

DYRANNU
Mae angen cadw'r **-nn-** ym mhob un o ffurfiau'r ferf hon heblaw am y rhai hynny sy'n cynnwys **-as-** yn y terfyniad: e.e.,
dyra**nn**af, dyra**nn**wn, dyra**nn**ant, dyra**nn**odd, dyra**nn**wyd

ond
dyra**n**asom, dyra**n**asoch, dyra**n**asant

Sylwer hefyd: Bydd **e** yn cymryd lle'r **a** yn yr ail sillaf mewn rhai ffurfiau: e.e.,
dyr**enn**wch, dyr**enn**ir, dyr**enn**ais

dyra**n**iad, *eg.* (*ll.* dyra**n**iadau)
dyra**nn**wr, *eg.* (*ll.* dyra**n**wyr)

dyrys
dyweddïad, *eg.*
dyweddïo

E

eang
ehangder, *eg.* (*ll.* eangderau)
ehangu
(e)difaru
effeithiol (= *effective*)
effeithiolrwydd, *eg.*
effeithlon (= *efficient*)
effeithlonrwydd, *eg.*
eglurhad, *eg.*
enghraifft, *eb.* (*ll.* enghreifftiau)
enghreifftiol
ei gilydd (nid: eu gilydd)
eisoes
(ac) eithrio
a**c** eithrio (nid: ag eithrio)
eleni
elfen, *eb.* (*ll.* elfennau)
elfennol
emyn, *eg.* (*ll.* emynau)
emyn-dôn, *eb.* (*ll.* emyn-donau)
emynydd, *eg.* (*ll.* emynwyr)

ENNILL
Un **n** sydd ym mhob un o ffurfiau'r ferf hon: e.e.,
e**n**illaf, e**n**illwn, e**n**illwch, e**n**illant, e**n**illir, e**n**illais, e**n**illodd, e**n**illwyd

e**n**ill**i**on
e**n**illydd, *eg.* (*ll.* e**n**illwyr)

ENNYN
Mae angen dyblu'r **n** ym mhob un o ffurfiau'r ferf hon heblaw am y rhai hynny sy'n cynnwys **-as-** yn y terfyniad: e.e.,
eny**nn**af, eny**nn**wn, eny**nn**ir, eny**nn**ais, eny**nn**odd, eny**nn**wyd

ond
eyn**n**asom, eny**n**asant

erfyn
erfyniaf/erfynnaf, erfyniwn/ erfynnwn, erfyniwch/erfynnwch, erfynnir, erfyniais/erfynnais, erfyniodd/ erfynnodd, erfyniwyd/erfynnwyd

ERLYN
Un **n** sydd ym mhob un o ffurfiau'r ferf hon: e.e.,
erly**n**af, erly**n**wn, erly**n**wch, erly**n**ant, erly**n**ir, erly**n**ais, erly**n**odd, erly**n**wyd

erly**n**iad, *eg.* (*ll.* erly**n**iadau)
erly**n**ydd, *eg.* (*ll.* erly**n**wyr)

ers meitin
ers talwm
(Ysgrifennir *erstalwm* hefyd yn bur aml.)
esbonio
esboniaf, esboniwn, esboniwch, esbonnir, esboniais, esboniodd, esboniwyd
esgeulus
esgeulustod, *eg.*
esgeuluso
esgus, *eg.* (*ll.* esgusion)
esgusodi

ESGYN
Mae angen dyblu'r **n** ym mhob un o ffurfiau'r ferf hon heblaw am y rhai hynny sy'n cynnwys **-as-** yn y terfyniad: e.e.,
esgy**nn**af, esgy**nn**wn, esgy**nn**wch, esgy**nn**ant, esgy**nn**ir, esgy**nn**ai, esgy**nn**em, esgy**nn**ech, esgy**nn**ent, esgy**nn**id, esgy**nn**ais, esgy**nn**odd, esgy**nn**wyd

ond
esgy**n**asom, esgy**n**asant

esmwytháu
esmwythâd
esmwytho

ESTYN
Mae angen dyblu'r **n** ym mhob un o ffurfiau'r ferf hon heblaw am y rhai hynny sy'n cynnwys **-as-** yn y terfyniad: e.e.,
esty**nn**af, esty**nn**wn, esty**nn**wch, esty**nn**ant, esty**nn**ir, esty**nn**ais, esty**nn**odd, esty**nn**wyd

ond
esty**n**asom, esty**n**asant

esty**n**edig
esty**nn**ol

euthum i (ond **ae**thom ni)
ewin, *eg.* (*ll.* ewinedd)
Cofier: Mae gair **gewyn**, *eg.* (*ll.* **gewynnau**)
ewyllys, *eb.* (*ll.* ewyllysiau)
ewyllysio
ewyn
ewynnog
ewynnol
ewynnu

F

FE
ac fe (nid: a fe)
e.e., Collasai'r eneth fach ei phwrs **ac fe** wylai'n hidl.

FEL
ac fel (nid: a fel)

fel y mae (nid: fel ag y mae)

FELLY
a**c** **felly** (nid: a felly)

finnau

FY
fy llyfr i (nid: llyfr fi)
fy mag i (nid: bag fi)

(I) FYNY
I fyny (nid: i fynu *nac* i fynny *nac* i fynnu)

Byddai'n fuddiol cofio mai ffurf wreiddiol i *fyny* oedd i *fynydd*.

FF

ffasiwn, *eb.* (*ll.* ffasiynau)
  ffasiynol
ffatri, *eb.* (*ll.* ffatrïoedd)
ffefryn, *eg.* (*ll.* ffefrynnau)
ffêr, *eb.* (fferau)
fferru
  fferrais, fferrodd
ffi, *eb.* (*ll.* ffïoedd)
ffoi
  ffoaf, ffown, ffowch, ffoant, ffoir, ffoais/ffois, ffodd/ffoes, ffoesant, ffowyd
ffôl
  ffolineb, *eg.* (*ll.* ffolinebau)
ffon (= *stick*), *eb.* (*ll.* ffyn)
ffôn (= *teleffon*), *eg.* (*ll.* ffonau)
  ffonio (teleffonio)
ffraeo
  ffraeaf, ffraewn, ffraewch, ffraeant, ffraeir, ffraeais, ffraeodd, ffraewyd
  ffrae, *eb.* (*ll.* ffraeau, ffraeon)
  ffraegar
ffrâm, *eb.* (*ll.* fframiau)
ffrwythloni
ffurf, *eb.* (*ll.* ffurfiau)
  ffurfiant, *eg.*
  ffurfiedig
  ffurfio
  ffurfioldeb, *eg.*
ffurflen, *eb.* (*ll.* ffurflenni)
ffŵl, *eg.* (*ll.* ffyliaid)
ffwrdd-â-hi
ffynhonnell, *eb.* (*ll.* ffynonellau)
ffynnon, *eb.* (*ll.* ffynhonnau)
ffynnu
  ffynnaf, ffynnwn, ffynnwch, ffynnant, ffynnir, ffynnais, ffynnodd, ffynnwyd
  ffyniant

G

gaeaf, *eg.* (*ll.* gaeafau)
  gaeafol
galwedigaeth, *eb.*
  (*ll.* galwedigaethau)
    galwedigaethol
gallu
  gallaf, g**e**lli, gall (geill), gallwn, g**e**llwch, gallant, g**e**llir, gallwn, gallit, gallai, gallem, gallech, gallent, g**e**llid, g**e**llais, gallodd, gallasom, gallasoch, gallasant, gallwyd
    galluog

GAN
Mae gan yr arddodiad **gan** ffurfiau personol:

gennyf (i)	gennym (ni)
gennyt (ti)	gennych (chi/chwi)
ganddo (ef)	ganddynt (hwy)
ganddi (hi)	

Treiglir **gan** yn llaes ar ôl y cysylltair *a*: e.e.,
  . . . **a ch**an nad oedd neb yno . . .

Treiglir yn feddal ar ôl **gan**: e.e., **gan dd**yn, **gan** eneth, **gan b**obl, **gan f**od, **gan dd**weud, **gan o**fyn

ond sylwer: gan **m**wyaf

Mae gan yr eneth lyfr
(**Mae llyfr 'da'r** [**gyda'r**] **eneth** a arferir yn gyson yn nhafodieithoedd De Cymru.)

Mae gennyf/gen i lyfr
(**Mae 'da** [**gyda**] **fi lyfr/Mae llyfr 'da** [**gyda**] **fi** a arferir yn gyson yn nhafodieithoedd De Cymru.)

'Ddoi di gyda fi/efo fi
(Clywir **'Ddoi di gen i?** yn nhafodieithoedd De Cymru.)

gartref
  (Gweler **ADREF/GARTREF** uchod)
geiryn, *eg.* (*ll.* geirynnau)
gelyn, *eg.* (*ll.* gelynion)
  gelyniaeth, *eb.*
  gelyniaethus
gellygen, *eb.* (*ll.* gellyg)
gem (= perlau), *eb.* (*ll.* gemau)
gêm (= chwarae), *eb.* (*ll.* gemau)
gên, *eb.* (*ll.* genau)
ger (= wrth ymyl)
gêr (= *gear*), *eb.* (*ll.* geriau)
gewyn, *eg.* (*ll.* gewynnau)

(EI) GILYDD
  ei gilydd (*byth* eu gilydd)
  rhywun **neu'i** gilydd (nid: neu gilydd)

glan (= ymyl, ochr), *eb.*
  (*ll.* glannau)
glân
  glaned, glanach, glanaf
  glanwaith
  glanweithdra, *eg.*
glanhäwr, *eg.* (*ll.* glanhawyr)
  glanhau
glöyn, *eg.* (*ll.* glöynnod)
gloyw
  gloywder, *eg.*
  gloywi
glud
  gludadwy
  gludio
  gludiog

GLYNU
Un **n** sydd ym mhob un o ffurfiau'r ferf hon: e.e.,
glyn**n**af, gly**n**wn, gly**n**wch,
gly**n**ant, gly**n**ir,
gly**n**ais, gly**n**odd, gly**n**wyd

gobennydd, *eg.*
(*ll.* gobenyddiau, gobenyddion)
goblygiad, *eg.* (*ll.* goblygiadau)
godre, *eg.* (*ll.* godreon)
gof, *eg.* (*ll.* gofaint)
gofal, *eg.* (*ll.* gofalon)
gofalu
gofalus
gofalwr, *eg.* (*ll.* gofalwyr)
gofalydd, *eg.* (*ll.* gofalyddion)

GOFYN
Mae angen dyblu'r **n** ym mhob un o ffurfiau'r ferf hon heblaw am y rhai hynny sy'n cynnwys **-as-** yn y terfyniad: e.e.,
gofy**nn**af, gofy**nn**wn, gofy**nn**wch,
gofy**nn**ant, gofy**nn**ir, gofy**nn**ai,
gofy**nn**em, gofy**nn**ais, gofy**nn**odd,
gofy**nn**wyd

ond
gofy**n**asom, gofy**n**asant

gofyn **i** rywun (nid: gofyn wrth rywun): e.e.,
Gofynnais **i**'r athro am fy llyfr.

Cofier: **Gofyn i rywun fynd**
(nid: gofyn i rywun i fynd)

gofyn, *eg.* (*ll.* gofy**n**ion)
gofy**nn**ol

golau, *a.* ac *eg.* (*ll.* goleuadau)
goleuedig
goleuni, *eg.*
goleuo
golygfa, *eb.* (*ll.* golygfeydd)
golygus
gollwng
gollyngaf, gollyngwn, gollyngwch,
gollyngant, gollyngir, gollyngais,
gollyngodd, gollyngwyd
gorau, *a.* ac *eg.* (*ll.* goreuon)
gorchwyl, *eg.* (*ll.* gorchwylion)

GORCHYMYN
Mae angen dyblu'r **n** ym mhob un o ffurfiau'r ferf hon heblaw am y rhai hynny sy'n cynnwys **-as-** yn y terfyniad: e.e.,
gorchmy**nn**af, gorchmy**nn**wn,
gorchmy**nn**wch, gorchmy**nn**ant,
gorchmy**nn**ir, gorchmy**nn**ais,
gorchmy**nn**odd gorchmy**nn**wyd

Sylwer: Collir yr ***y*** ar ôl **gorch**- yn y rhan fwyaf o ffurfiau'r ferf.

ond
gorch**ymyn**asom,
gorch**ymyn**asoch,
gorch**ymyn**asant

gorchmy**nn**ol
gorch**ymyn**, *eg.* (*ll.* gorch**myn**ion)

GORESGYN
Mae angen dyblu'r **n** ym mhob un o ffurfiau'r ferf hon heblaw am y rhai hynny sy'n cynnwys **-as-** yn y terfyniad: e.e.,
goresgy**nn**af, goresgy**nn**wn,
goresgy**nn**wch, goresgy**nn**ant,
goresgy**nn**ir, goresgy**nn**ais,
goresgy**nn**odd, goresgy**nn**wyd

ond

goresgy**n**asom, goresgy**n**asoch, goresgy**n**asant,

goresgy**n**edig
goresgy**n**iad, *eg.* (*ll.* goresgy**n**iadau)
goresgy**nn**wr, *eg.* (*ll.* goresgy**n**wyr)

GORFFEN
Mae angen dyblu'r **n** ym mhob un o ffurfiau'r ferf hon heblaw am y rhai hynny sy'n cynnwys **-as-** yn y terfyniad: e.e.,

gorffe**nn**af, gorffe**nn**wn, gorffe**nn**wch, gorffe**nn**ant, gorffe**nn**ir, gorffe**nn**ai, gorffe**nn**em, gorffe**nn**ent, gorffe**nn**ais, gorffe**nn**odd, gorffe**nn**wyd

ond

gorffe**n**asom, gorffe**n**asoch, gorffe**n**asant

gorffe**n**edig
gorffe**nn**ol, *eg.*

Gorffennaf (sef y mis)
goruchwylio
  goruchwyliaeth, *eb.*
  goruchwyliwr, *eg.*
    (*ll.* goruchwylwyr)
gosodedig
gostyngedig
  gostyngeiddrwydd, *eg.*
gostyngiad, *eg.* (*ll.* gostyngiadau)
graean, *eg.*
  graeanu
graen, *eg.*
  graenus

GRESYNU
Un **n** sydd ym mhob un o ffurfiau'r ferf hon: e.e.,

gresy**n**af, gresy**n**wn, gresy**n**wch, gresy**n**ant, gresy**n**ir, gresy**n**ais, gresy**n**odd, gresy**n**wyd

gresy**n**us

griddfan, *berf* ac *eg.*
  (*ll.* griddfannau)
gris, *eg.* (*ll.* grisiau)
gronyn, *eg.* (*ll.* gronynnau)
grŵp, *eg.* (*ll.* grwpiau)
  grwpio
grym, *eg.* (*ll.* grymoedd)
  grymus
  grymuster, *eg.*
gwaed, *eg.*
  gwaedlyd
  gwaedu
gwaedd (= *shout*), *eb.*
  (*ll.* gwaeddau)
  ond **gweiddi** (nid: gwaeddi) (= *to shout*)
gwael
  gwaeled, gwaelach, gwaelaf
  gwaeledd, *eg.*
gwaelod, *eg.* (*ll.* gwaelodion)
  gwaelodol
gwaeth
  gwaethaf
  gwaethygu
gwahaniaeth
  gwahaniaethol
  gwahaniaethu
gwahanu
  gwahanol
  (ar) wahân
  Cofier: Mae **ar wahân** yn ddau air *ar wahân*!

(g)wal, *eb.* (*ll.* [g]waliau, e.e., waliau cerrig)
gwâl (= ffau), *eb.* (*ll.* gwal[i]au)
gwan
  gwanned, gwannach, gwannaf
gwar (= cefn y gwddw), *egb.* (*ll.* gwarrau)
gwâr
  gwareiddiad, *eg.* (*ll.* gwareiddiadau)
  gwareiddiedig
  gwareiddio

GWARIO/TREULIO
GWARIO *arian* ond **TREULIO** *amser*
e.e., Rwyf wedi **treulio** llawer o amser yn **gwario** pres ar sothach.

gwarthus
gwastatáu
gwayw, *eg.* (*ll.* gwewyr)
gweddïo
  gweddïaf, gweddïwn, gweddïwch, gweddïant, gweddiir, gweddïais, gweddïodd, gweddïwyd
    gweddi, *eb.* (*ll.* gweddïau)
    gweddïwr, *eg.* (*ll.* gweddïwyr)
gweddus
gwefus, *eb.* (*ll.* gwefusau)
gweiddi (nid: gwaeddi)
  gwaeddaf, gwaeddwn, gwaeddwch, gwaeddant, gwaeddir, gwaeddais, gwaeddodd, gwaeddwyd
    gwaedd, *eb.* (*ll.* gwaeddau)

GWÊL (= y mae ef/hi yn gweld/bydd ef/hi yn gweld)
e.e., **Gwêl** y disgybl ei gyfeillion bob dydd.

gwella
  gwellhad, *eg.*
  gwellhau
  gwelliant, *eg.* (*ll.* gwelliannau)

GWEN (= ffurf fenywaidd *gwyn*)
e.e., Gwelais gi gwyn a chath **wen**.

gwenu
  gwenaf, gwenwn, gwenwch, gwenant, gwenais, gwenodd
    gwên, *eb.* (*ll.* gwenau)
gwesty, *eg.* (*ll.* gwestyau, gwestai)
gwirioni
  gwirionedd, *eg.*
gwlad, *eb.* (*ll.* gwledydd)
  gwladaidd
  gwladol
  gwledig
gwlyb
  gwlybaniaeth, *eg.*
  gwlychu
  gwlyped, gwlypach, gwlypaf
  gwlypter, *eg.*
gwn, 1. yr arf, *eg.* (*ll.* gynnau)
  2. = rydw i'n gwybod
gŵn (y dilledyn e.e., gŵn nos), *eb.* (*ll.* gynau)

GWNÂI (yr oedd ef/hi yn [arfer] gwneud)
e.e., **Gwnâi** ei orau glas bob amser.

GWNÂNT (maen nhw'n [arfer] gwneud/byddant hwy'n gwneud),
e.e., **Gwnânt** eu gwaith yn drwyadl.

gwneud
gwnaf, gwna, gwnawn, gwnewch,
gwnânt, gwneir, gwnâi,
gwneuthum (i), gwnaeth,
gwnaethom (ni), gwnaethoch,
gwnaethant, gwnaethpwyd
gwneuthur
gwneuthuriad, *eg.*
gwnïo
gwnïaf, gwnïwn, gwnïwch, gwniir,
gwnïais, gwnïodd, gwnïwyd
gwnïad, *eg.*
gwniadur, *egb.* (*ll.* gwniaduron)
gwniadwaith, *eg.*
gwniadwraig, *eb.*
(*ll.* gwniadwragedd)
gwobr, *eb.*
(*ll.* gwobrau, gwobrwyon)
gwobrwyo
gŵr, *eg.* (*ll.* gwŷr)
gwrando
gwrandawaf, gwrandawn,
gwrandewch, gwrandawant,
gwrandewir, gwrandewais,
gwrandawodd, gwrandawsom,
gwrandawsant, gwrandawyd
gwrandawiad, *eg.*
(*ll.* gwrandawiadau)
gwrandäwr, *eg.*
(*ll.* gwrandawyr)
gwrthdaro
gwrthdrawiad, *eg.*
(*ll.* gwrthdrawiadau)
gwrthgyferbynnu
gwrthgyferbyniad, *eg.*
(*ll.* gwrthgyferbyniadau)
gwrthrych, *eg.* (*ll.* gwrthrychau)
gwrthun
gwrthuni, *eg.*

gwthio (nid: gw**r**thio)
gwybod
gwybodaeth, *eb.*
(*ll.* gwybodaethau)
(Derbynnir **yr** wybodaeth neu **y** wybodaeth)
gwybodus
gwydn
gwytnwch, *eg.*
gwydr, *eg.* (*ll.* gwydrau)
gŵydd (yr aderyn), *eb.* (*ll.* gwyddau)
gŵydd (= presenoldeb)
e.e., dweud rhywbeth *yng ngŵydd* rhywun
gwŷdd (= coed, coedwig)
gwyddonydd, *eg.* (*ll.* gwyddonwyr)
gwyddoniaeth, *eb.*
gwyfyn, *eg.* (*ll.* gwyfynod, gwyfod)
gŵyl, *eb.* (*ll.* gwyliau)
gwylan, *eb.* (*ll.* gwylanod)
Cofier: **yr** wylan
gwylio
gwyliadwriaeth, *eb.*
(*ll.* gwyliadwriaethau)
gwyliadwrus
gwyliwr, *eg.* (*ll.* gwylwyr)
gwylltio
gwylltineb, *eg.*
gwyn
gwynned, gwynnach, gwynnaf
gwynnu
gŵyr (= mae ef/hi yn gwybod)
e.e., **Gŵyr** ef bob pennill ar ei gof.
gwŷr (= ffurf luosog *gŵr*)
gwythïen, *eb.* (*ll.* gwythiennau)

GYDA
A chyda (nid: a gyda)
Gyd**a'r e**rfyn ond gyd**ag e**rfyn

Mae gen i bunt
(**Mae 'da [gyda] fi bunt** a arferir yn gyson yn nhafodieithoedd De Cymru.)

'Ddoi di gyda/efo fi?
(Clywir **'Ddoi di gen i?** yn nhafodieithoedd De Cymru.)

gynnau, 1. amser byr yn ôl
2. lluosog *gwn* (yr arf)
gyrfa, *eb.* (*ll.* gyrfaoedd)

GYRRU
Mae angen cadw'r **-rr-** ym mhob un o ffurfiau'r ferf hon heblaw am y rhai hynny sy'n cynnwys **-as-** yn y terfyniad: e.e.,
gy**rr**af, gy**rr**wn, gy**rr**wch, gy**rr**ant, gy**rr**ir, gy**rr**ai, gy**rr**em, gy**rr**ais, gy**rr**odd, gy**rr**wyd

ond
gy**r**asom, gy**r**asoch, gy**r**asant, gy**r**aswn, gy**r**asai

gy**rr**wr, *eg.* (*ll.* gy**r**wyr)

H

haearn, *eg.* (*ll.* heyrn)
haearnaidd
haeddu
haeddaf, haeddwn, haeddwch, haeddant, haeddir, haeddais, haeddodd, haeddwyd
haeddiannol
haeddiant, *eg.*
hael
haelioni, *eg.*
haelionus
haen, *eb.* (*ll.* haenau)
haenog
haerllug
haerllugrwydd, *eg.*
haeru
haeriad, *eg.* (*ll.* haeriadau)
haf, *eg.* (*ll.* hafau)
hanner
haneru
hanerwr, *eg.* (*ll.* hanerwyr)
hanu
hanodd

hapus
hapusrwydd, *eg.*

HEB
e.e., **a heb** (nid: ac heb)
Gwenodd, **a** heb oedi dechreuodd siarad.

Mae gan yr arddodiad **heb** ffurfiau personol:

hebof (i)	hebom (ni)
hebot (ti)	heboch (chi/chwi)
hebddo (ef)	hebddynt (hwy)
hebddi (hi)	

HEBLAW
a heblaw (nid: ac heblaw)
e.e., . . . **a** heblaw hynny . . .

hedyn, *eg.* (*ll.* had, hadau)

HEDDIW
a heddiw (nid: ac heddiw)
e.e., Ddoe **a** heddiw . . .

HEFYD
a hefyd (nid: ac hefyd)
e.e., Dyma'r dynion **a** hefyd eu gwragedd.

hen
hen ffasiwn
henoed

HENO
a heno (nid: ac heno)
e.e., Neithiwr **a** heno

hofrennydd, *eg.* (*ll.* hofrenyddion)
hoff
hoffter, *eg.*
hoffus
hoffusrwydd, *eg.*
holiadur, *eg.* (*ll.* holiaduron)
holl
hollalluog
hollbwysig
hollfyd
holliach
hollwybodus
hon
honno
Cofier: **a hon(no)**
(nid: ac hon[no])
honni
honnaf, honnwn, honnwch,
honnant, honnir, honnais,
honnodd, honasom, honasant,
honnwyd, honnid
honedig
honiad, *eg.* (*ll.* honiadau)
hosan, *eb.* (*ll.* [ho]sanau)
hud
hudo
hudolus

hufen
hufennaidd
hufennog

HUN/HYN/HŶN
Mae **hun** yn gyfystyr â'r Saesneg *self* neu *own*:
e.e., fy nhŷ fy **hun**
ar fy mhen fy **hun**
ar ei phen ei **hun**
fy **hun**, dy **hun**, ei **hun**

Gall **hun** hefyd olygu *cwsg*:
e.e., cerdded drwy'i **hun**
(h.y., cerdded yn/drwy ei gwsg)

Mae **hyn** yn gyfystyr â'r Saesneg *this*:
e.e., Mae **hyn** yn sicr o fod yn gywir.

Gall **hyn** hefyd fod yn gyfystyr â'r Saesneg *these*:
e.e., Mae'r gwragedd **hyn** yn rhai siaradus.
Mae'r llyfrau **hyn** yn rhai gwerthfawr.

Digwydd **hyn** hefyd mewn ymadroddion megis:
ar **hyn** o bryd, bob **hyn** a **hyn**, etc.

Gradd gymharol **hen** yw **hŷn**, ac mae'n gyfystyr â'r Saesneg *older*:
e.e., Mae'r eneth yn **hŷn** na'r bachgen.

hunan
hunan-barch, *eg.*
hunanddisgyblaeth, *eb.*
hunanfodlon

hunangofiant, *eg.*
(*ll.* hunangofiannau)
hunangofiannol
hunangofiannydd, *eg.*
(*ll.* hunangofianwyr)
hunangyfiawn
hunangyflogedig
hunangynhaliol
hunanlywodraeth, *eb.*
hunanol
hwn
hwnnw
Cofier: **a hwn(nw)**
(nid: ac hwn [nw])
hwylio
hwylus
hwylustod, *eg.*
hyblyg
hyblygrwydd, *eg.*
hyd
hyd yn oed (nid: hydnod *na* hudnod)

hyfryd
hyfryted, hyfrytach, hyfrytaf
hyll
hylltod, *eg.*
hyn
hynny
Cofier: **a hyn(ny)**
(nid: ac hyn[ny])

HŶN (gradd gymharol yr ansoddair *he*n)
e.e., Mae Gwyn yn **hŷn** na'i frawd.

hysbysebu (= *to advertise*)
hysbyseb (= *advertisement*), *eb.*
(*ll.* hysbysebion)
hysbysebwr, *eg.* (*ll.* hysbysebwyr)
hysbysu (= *to inform*)
hysbysfwrdd, *eg.*
(*ll.* hysbysfyrddau)
hysbysiad (= *notice*), *eg.*
(*ll.* hysbysiadau)

I

I
Mae gan yr arddodiad **i** ffurfiau personol:

i mi/imi	i ni/inni
i ti/iti	i chi/ichi (i chwi/ichwi)
iddo ef	iddynt hwy
iddi hi	

I FYNY
I fyny (nid: i fynu *nac* i fynny *nac* i fynnu)

Byddai'n fuddiol cofio mai ffurf wreiddiol **i fyny** oedd i *fynydd.*

ia (ffurf ogleddol ar *ie*, sy'n gyfystyr ag *yes* yn Saesneg)
iâ (= rhew, fel yn hufen *iâ*)
iachâd, *eg.*
iacháu
iaith, *eb.* (*ll.* ieithoedd)
iâr, *eb.* (*ll.* ieir)
ias, *eb.* (*ll.* iasau)
iasol
iawndal, *eg.* (*ll.* iawndaliadau)
iechyd, *eg.*
Iôn/Iôr (= Yr Arglwydd)
is-bwyllgor, *eg.* (*ll.* is-bwyllgorau)
is-gadeirydd, *eg.* (*ll.* is-gadeiryddion)

is-lywydd, *eg.* (*ll.* is-lywyddion)
is-swyddog, *eg.* (*ll.* is-swyddogion)

I'W/YW
Golyga **i'w** *i ei* neu *i eu* (ond ni chawn ysgrifennu *i ei* nac *i eu*, wrth gwrs, ac nid oes neb yn dweud hynny ar lafar, chwaith).

Mae'n gyfystyr â'r Saesneg *to his* neu *to her* neu *to their*.
e.e., Aeth y bachgen **i'w** wely'n gynnar.
Rhedodd yr eneth **i'w** thŷ.
Cerddai'r chwarelwyr **i'w** gwaith.

Mae **YW** yn gyfystyr ag **ydyw**:
e.e., Hwn **yw** mab y meddyg.
Ai hon **yw**'r ddelaf yn y byd?

-IWN
Mewn geiriau'n diweddu ag **-iwn** (ac sy'n fenthyciadau o eiriau Saesneg yn diweddu ag *-ion*), ni ddyblir y llythyren **n** pan ychwanegir sillaf (i ffurfio lluosog, er enghraifft): e.e.,

convention:	*fashion*:
confensiwn	**ffasiwn**
confensiyn̲au	**ffasiyn̲au**
confensiyn̲ol	**ffasiyn̲ol**
question:	*version*:
cwestiwn	**fersiwn**
cwestiyn̲au	**fersiyn̲au**
cwestiyn̲u	

J

jôc, *eb.* (*ll.* jôcs)

L

larwm, *egb.* (*ll.* larymau)
litr, *eg.* (*ll.* litrau)
lôn, *eb.* (*ll.* lonydd)
lor(r)i, *eb.* (*ll.* lorïau)
lwfans, *eg.* (*ll.* lwfans[i]au)

LL

llaes
  llaesu
llannerch, *eb.* (*ll.* llennyrch)
llathen, *eb.* (*ll.* llathenni)
llawenydd, *eg.*
llawes, *eb.* (*ll.* llewys)
llecyn, *eg.* (*ll.* llecynnau)
lledaenu
llen, *eb.* (*ll.* llenni)
llên (= llenyddiaeth)
llenwi
  llanwaf, llanwn, llenwch, llanwant, llenwir, llenwais, llanwodd, llanwasom, llanwasoch, llanwasant, llanwyd
llety, *eg.* (*ll.* lletyau)
  lletya
  lletywr, *eg.* (*ll.* lletywyr)
llinell, *eb.* (*ll.* llinellau)
llinyn, *eg.* (*ll.* llinynnau)

llinynnol
llofrudd, *eg.* (*ll.* llofruddion)
llofruddiaeth, *eb.* (*ll.* llofruddiaethau)
llonni
llonydd
llonyddu
llonyddwch, *eg.*
lluchio
llun, *eg.* (*ll.* lluniau)
llunio
lluniaf, lluniwn, lluniwch, lluniant, llunnir, lluniais, lluniodd, lluniwyd
llungopi, *eg.* (*ll.* llungopïau)
llungopïo
llungopïwr, *eg.* (*ll.* llungopïwyr)
llwyd
llwyddiant, *eg.* (*ll.* llwyddiannau)
llwyddiannus
llwyfan, *egb.* (*ll.* llwyfannau)
llwyfannu
llwyth, *eg.* (1. *ll.* llwyth**i** = *loads*)
(2. *ll.* llwyth**au** = *tribes*)
llyfryn, *eg.* (*ll.* llyfrynnau)

LLYGAD
Llygad yw'r unigol
Llygaid yw'r lluosog

e.e., Mae gan y ferch **lygaid** tyner.

(Ond mae *llygadau/ll'gadau* yn digwydd yn aml iawn ar lafar.)

llyn, *eg.* (*ll.* llynnoedd, llynnau)
Llŷn (fel yn *Llŷn* ac Eifionydd)
(y) llynedd
llysieuaeth, *eb.*
llysieueg, *eb.*
llysieuol
llysieuwr, *eg.* (*ll.* llysieuwyr)
llythyr, *eg.* (*ll.* llythyrau)
llythyru
llythyrwr, *eg.* (*ll.* llythyrwyr)
llythyren, *eb.* (*ll.* llythrennau)
llythrennog
llythrennol
llythrennu
llywydd, *eg.* (*ll.* llywyddion)
llywyddu

M

mab, *eg.* (*ll.* meibion)

MAE
ac mae (nid: a mae)
e.e., Dacw'r môr **ac mae** ewyn ar y tonnau.

maeddu
maen, *eg.* (*ll.* meini)

MAENT
ac maent (nid: a maent)
Mae tuedd y dyddiau hyn i ysgrifennu **maen nhw** neu **maen' nhw** (ond ni ddylid ysgrifennu *mae'n nhw* nac *mae nhw*) yn lle **maent hwy**:

e.e., **Maen nhw** bob amser yn brydlon.

maer, *eg.* (*ll.* meiri)
maes, *eg.* (*ll.* meysydd)
maeth
maethlon
maharen, *eg.* (*ll.* meheryn)

MAI
ac mai (nid: a mai)
e.e., Gwyddwn mai hwnnw oedd y llecyn **ac mai** yno y lladdwyd y tywysog.

man, *egb.* (*ll.* mannau)
mân
maned, manach, manaf
maniach
manion
mân-werthu
mân-werthwr, *eg.* (*ll.* mân-werthwyr)
maneg, *eb.* (*ll.* menig)

MARW
bu farw (er bod *marwodd* yn bur gyffredin ar lafar)
e.e., **Bu farw**'r hen ŵr mewn gwth o oedran.
Bu'r dyn farw mewn damwain.

matsien, *eb.* (*ll.* matsis)
(Digwydd *matsus* a *matsys* hefyd)
math, *eg.* (*ll.* mathau)
medrus
medrusrwydd, *eg.*

MEDDAF, MEDDWN, MEDDAI, etc.
ac (nid: a) sy'n rhagflaenu'r rhain:
e.e., Cymerais yr arian **ac meddwn** wrtho, 'Diolch yn fawr'.

MEDDIANNU
Mae angen cadw'r **-nn-** ym mhob un o ffurfiau'r ferf hon heblaw am y rhai hynny sy'n cynnwys **-as**- yn y terfyniad: e.e.,
meddia**nn**af, meddia**nn**wn, meddia**nn**odd, meddia**nn**wyd

Sylwer hefyd: Bydd **e** yn cymryd lle'r **a** yn yr ail sillaf mewn rhai ffurfiau: e.e.,
meddie**nn**ais, meddi**enn**ir

meddia**nn**ol
meddiant, *eg.* (*ll.* meddia**nn**au)

meddyg, *eg.* (*ll.* meddygon)
meddyginiaeth, *eb.* (*ll.* meddyginiaethau)

MEGIS
ac megis (nid: a megis)

(ers) meitin
melyn
melyned, melynach, melynaf
melynu
melys
melltennu
menyn, *eg.*
mêr, *eg.*
merch, *eb.* (*ll.* merched [nid: merchaid])
mesen, *eb.* (*ll.* mes)
mesur, *eg.* (*ll.* mesurau)

MEWN
ac mewn (nid: a mewn)
e.e., Roedd yr eneth yn bryderus **ac mewn** penbleth.

i mewn (nid: i fewn)
e.e., Rhedodd **i m**ewn i'r siop.

MI
ac mi (nid: a mi)
e.e., Edrychais yn ofalus **ac mi** welwn rywun yn syllu arnaf.

miliwn, *eb.* (*ll.* miliynau)
(Gweler **BILIWN** uchod)
miliwnydd, *eg.* (*ll.* miliwnyddion)
minnau
moliannu
moliannaf, moliannwn,
moliennwch, moliannant,
moliennir, moliennais,
moliannodd, moliannwyd

MOR
ac mor (nid: a mor):
e.e., Gweithiai'n ddiwyd, **ac mor** fedrus hefyd.

Mewn cymariaethau:
mor . . . **â/ag**:
e.e., **mor** ddu **â**'r frân;
mor wyn **ag** eira

Treiglir yn feddal ar ôl **mor**:
e.e., **mor** dda; **mor** fendigedig

ond ni threiglir **ll** na **rh**:
e.e., **mor ll**wyddiannus;
mor rhadlon

cyn belled â/ag
(nid: mor belled â/ag)
e.e., Aeth y gyrrwr **cyn belled â** Bethesda cyn iddi godi'n braf.

môr, *eg.* (*ll.* moroedd)
mordaith, *eb.* (*ll.* mordeithiau)
morfil, *eg.* (*ll.* morfilod)
môr-forwyn, *eb.* (*ll.* môr-forynion)
morfran, *eb.* (*ll.* morfrain)
morglawdd, *eg.* (*ll.* morgloddiau)
morlan, *eb.* (*ll.* morlannau)
môr-leidr, *eg.* (*ll.* môr-ladron)
morlin, *eg.* (*ll.* morlinau)
morlo, *eg.* (*ll.* morloi)
morwr, *eg.* (*ll.* morwyr)
morgrugyn, *eg.* (*ll.* morgrug)
morwyn, *eb.*
(*ll.* morwynion, morynion)
munud, *egb.* (*ll.* munudau)
mwynhad, *eg.*
mwynhâi (roedd ef/hi yn [arfer] mwynhau)
e.e., **Mwynhâi** ei fwyd er mai ychydig a fwytâi.
mwynhânt (maen nhw'n [arfer] mwynhau/ byddant hwy'n mwynhau)
e.e., **Mwynhânt** gerddoriaeth ac ânt i lawer o gyngherddau.
mymryn (nid: myr**m**yn)
mynegi
mynegiannol

MYNNU
Mae angen cadw'r **-nn-** ym mhob un o ffurfiau'r ferf hon heblaw am y rhai hynny sy'n cynnwys **-as-** yn y terfyniad: e.e.,
my**nn**af, my**nn**wn, my**nn**wch,
my**nn**ant, my**nn**ir,
my**nn**ai, my**nn**em, my**nn**ech,
my**nn**ent,
my**nn**ais, my**nn**odd, my**nn**wyd

ond
my**n**asom, my**n**asant

mynych
mynychu
mynydd, *eg.* (*ll.* mynyddoedd)

N

NAC

nac oes (nid: nag oes, er mai dyna a ddywedir ac a ysgrifennir mewn Cymraeg anffurfiol)

nacáu

NAD

nad (nid: mai nid, er mor gyffredin ei ddefnydd ar lafar y dyddiau hyn)
e.e., Gwyddwn **nad** ef oedd y cerddor gorau.

natur, *eb.*
naturiol
nawfed (nid: nawddfed)
neilltuo
neilltuol

NEPELL

Ystyr **nepell** yw **pell** (ac nid *nid pell*). Anghywir fyddai brawddeg fel yr un a ganlyn, er enghraifft:
Mae'n byw nepell o Gaernarfon (i geisio cyfleu ei fod yn byw *yn agos* at y dref).

Gellir awgrymu dwy ffordd i gywiro'r frawddeg uchod:

Nid yw'n byw **nepell** o Gaernarfon.
Mae'n byw heb fod **nepell** o Gaernarfon.

nes
nesáu
nesâf, nesawn, nesewch, neseir, neseais, nesaodd, nesawyd
newydd-deb
newyn
newynog
newynu
ninnau
niwclear
nod, *eg.* (*ll.* nodau)
nôl (fel yn *mynd i nôl* = ymofyn)
nos, *eb.* (*ll.* nosau)

-NT

Pan ychwanegir sillaf at air yn diweddu gydag **-nt**, dyblir yr **n** yn y gair a ffurfir: e.e.,
ca**nt**—ca**nn**oedd
peiria**nt**—peiria**nn**au—peiria**nn**ol
pu**nt**—pu**nn**oedd—pu**nn**au

O

O

Mae gan yr arddodiad **o** ffurfiau personol:

oho**n**of (i)	oho**n**om (ni)
oho**n**ot (ti)	oho**n**och (chi/chwi)
oho**n**o (ef)	oho**n**ynt (hwy)
oho**n**i (hi)	

o boptu

ODDI . . .

oddi ar (nid: oddiar)
e.e., Disgynnodd **oddi ar** ei feic.

oddi wrth (nid: oddiwrth)
e.e., Dyma lythyr **oddi wrth** fy nghyfaill.

Cofier, hefyd, am:
oddi am
oddi amgylch
oddi mewn
oddi yma
oddi yno

Cofier, fodd bynnag, am:
oddigerth
oddieithr

oedolyn, *eg.* (*ll.* oedolion)
oedran, *eg.* (*ll.* oedrannau)
oedrannus
offeryn, *eg.* (*ll.* offerynnau)
offerynnol
offerynnwr, *eg.* (*ll.* offerynwyr)
ohonof
ohonot, ohono, ohoni,
ohonom, ohonoch, ohonynt

ÔL
ar ôl (*nid* ar ol *nac* a'r ol)
e.e., Aeth **ar ôl** y dyrfa i'r cae pêl-droed.

yn ôl (nid: yn dôl)
e.e., **Ar ôl** y gêm, aeth **yn ôl** i'r dref.

ôl, *eg.* (*ll.* olion)
e.e., Roedd **ôl** bysedd ar y paent.
(nid: *hoel* bysedd)

ôl-ddyled, *eb.* (*ll.* ôl-ddyledion)
ôl-nodyn/ôl-nodiad, *eg.*
(*ll.* ôl-nodion, ôl-nodiadau)
olynu
olynol
olynydd, *eg.* (*ll.* olynwyr)

ONI BAI
oni bai (nid: onibai)
e.e., **Oni bai** dy fod yn gwybod y ffordd, paid â mentro.

opera, *eb.* (*ll.* operâu)
opsiwn, *eg.* (*ll.* opsiynau)
oren, *eg.* (*ll.* orennau)
organ, *eb.* (*ll.* organau)
organydd, *eg.* (*ll.* organyddion)
organyddes, *eb.*
(*ll.* organyddesau)

OS
os + berf (byth *os y* . . .)
e.e., **Os gwelwch** yn dda . . .
(nid: *os y gwelwch* yn dda . . .)

Os bydd hi'n braf . . .
(nid: *os y bydd* hi'n braf . . .)

a (nid: os) mewn cwestiwn anuniongyrchol,
e.e., Gofynnais iddo **a** oedd yn hapus.
(nid: Gofynnais *os* oedd . . .)

P

PA/PWY?

Pa + enw
e.e., **Pa ddyn?** (nid: *Pwy* ddyn?)

Pwy + berf
e.e., **Pwy oedd** y dyn?

paent
paentio
paentiwr, *eg.* (*ll.* paentwyr)
(Mae *Geiriadur yr Academi* yn cynnig *peintiwr* [*ll. peintwyr*] a *peintio* hefyd.)
pâl (fel yn *rhaw bâl*)

PAN
pan + berf (byth *pan y . . .*)
e.e., **Pan ddaw**'r haf, â pawb am dro.
(nid: *pan y* daw . . .)

Sylwer, hefyd, na ddylid defnyddio *pan yn*:
e.e., **pan oedd** yn ifanc
(nid: *pan yn* ifanc)
pan fyddai'n hapus
(nid: *pan yn* hapus)

Er mai **pan yw** neu **pan fo** sy'n berffaith gywir, derbynnir **pan mae** hefyd (ond nid: pan *y mae*, wrth gwrs!): e.e.,
Pan yw'n braf . . .
Pan fo'n braf . . .
Pan mae'n braf . . .

panad (o *cwpanaid*), *eb.* (*ll.* paneidiau)
Defnyddir *paned* hefyd.

panel, *eg.* (*ll.* panelau, paneli)
papur, *eg.* (*ll.* papurau)
papuro
pâr, *eg.* (*ll.* parau)
paraffîn, *eg.*
pared, *eg.* (*ll.* parwydydd)
parhad, *eg.*
parti, *eg.* (*ll.* partïon)
pawen, *eb.* (*ll.* pawennau)

PE
pe bawn (nid: os buaswn)
e.e., **Pe bawn** yn grefftwr cartref, ni phrynwn ddim mewn siop.

pe bai (*nid* pebai *nac* os buasai)
(Mae **petai** hefyd yn dderbyniol ond nid: petae.)
e.e., **Pe bai**'r byd yn berffaith, byddwn uwch ben fy nigon.

pe baent (*neu* petaent)
(nid: pebaent nac os buasent)
e.e., **Pe baent** yma heddiw, synnent at yr holl ddatblygiadau technolegol.

Dyna'r patrwm hefyd gyda'r ffurfiau eraill: *pe bait* (*ti*), *pe baem* (*ni*), *pe baech* (*chi*).

Sylwer, hefyd, na ddylid defnyddio *pe yn*:
e.e., **pe bai**'n gwybod
(nid: *pe'n* gwybod)
pe bai'n digwydd
(nid: *pe'n* digwydd)

pecyn, *eg.* (*ll.* pecynnau)
pecynnu

PEDAIR
y pedair (nid: *y bedair*)

y pedair dafad dew
(nid: y *bedair* [d]dafad dew)

Un ffordd o gofio na ddylid treiglo yn union ar ôl *y pedair* (ond y dylid treiglo unrhyw ansoddair sy'n dilyn yr enw benywaidd unigol) yw drwy gofio am westy o'r enw:
'Y Pedair Derwen Gam'.

pegwn, *eg.* (*ll.* pegynau)
pegynol
pegynu
peint, *eg.* (*ll.* peintiau)
peiriant, *eg.* (*ll.* peiriannau)
peirianegol
peirianneg, *eb.*
peiriannol
peiriannwr, peiriannydd, *eg.* (*ll.* peirianwyr)
pêl, *eb.* (*ll.* peli)
pêl-droed, *eg.*
pêl-droediwr, *eg.* (*ll.* pêl-droedwyr)
pêl-fas, *eg.*
pêl-fasged, *eg.*
pêl-foli, *eg.*
pêl-rwyd, *eg.*
pen, *eg.* (*ll.* pennau)
pen draw

Cofier: **yn y pen draw**
(nid: *ar ddiwedd y dydd*, sydd yn gyfieithiad uniongyrchol o ymadrodd a ddefnyddir mor aml, ond yn gwbl ddianghenraid, yn y Saesneg!)

pennaf
penagored
pen-blwydd (nid: penblwydd), *eg.* (*ll.* penblwyddi)

PENDERFYNU
Un **n** sydd yn nherfyniad **pob** ffurf ar y ferf hon: e.e.,
penderfy**n**af, penderfy**n**i, penderfy**n**a, penderfy**n**wn, penderfy**n**wch, penderfy**n**ant, penderfy**n**ir, penderfy**n**ai, pe**n**derfynem, penderfy**n**ent, penderfy**n**id, penderfy**n**ais, penderfy**n**odd, penderfy**n**asom, penderfy**n**asoch, penderfy**n**asant, penderfy**n**wyd, penderfy**n**aswn, penderfy**n**asai, penderfy**n**asem, penderfy**n**asent, penderfy**n**asid

penderfy**n**iad, *eg.* (*ll.* penderfy**n**iadau)
penderfy**n**ol

pendroni
pennaeth, *eg.* (*ll.* penaethiaid)
pennaf
pennawd, *eg.* (*ll.* penawdau)
pennill, *eg.* (*ll.* penillion)
pennod, *eb.* (*ll.* penodau)
pennu
penodedig
penodol
penodi
penodiad, *eg.* (*ll.* penodiadau)
pensaer, *eg.* (*ll.* penseiri)
pensaernïaeth, *eb.*
pensaernïol
pensel, *eb.* (*ll.* penseli, pensiliau)
pensiwn, *eg.* (*ll.* pensiynau)

PENTYRRU
Mae angen cadw'r **-rr-** ym mhob un o ffurfiau'r ferf hon heblaw am y rhai hynny sy'n cynnwys **-as-** yn y terfyniad: e.e.,

pentyr**r**af, pentyr**r**wn, pentyr**r**wch,
pentyr**r**ant, pentyr**r**ir, pentyr**r**ais,
pentyr**r**odd, pentyr**r**wyd

pentwr, *eg.* (*ll.* pentyr**r**au)

perchennog, *eg.*
(*ll.* perch[e]nogion)
perllan, *eb.* (*ll.* perllannau)
person, *eg.*
(1. *ll.* person**au** = *persons*)
(2. *ll.* person**iaid** = *parsons*)
personol
personoliaeth, *eb.*
(*ll.* personoliaethau)
perswâd
perswadio
perthynas, *egb.* (*ll.* perthnasau), wrth gyfeirio at berthynas a all fod yn wryw neu'n fenyw, **ond sylwer**: 'bod â pherthynas **dd**a â rhywun'.
perthynol
perygl, *eg.* (*ll.* peryglon)
peryglu
peryglus
peth, *eg.* (*ll.* pethau)
pin, *egb.* (*ll.* pinnau)
pîn (sef y coed)
plaen

PLANNU
Mae angen cadw'r **-nn-** ym mhob un o ffurfiau'r ferf hon heblaw am y rhai hynny sy'n cynnwys **-as-** yn y terfyniad: e.e.,

pla**nn**af, pla**nn**wn, pla**nn**ant,
pla**nn**ai, pla**nn**em, pla**nn**ent,
pla**nn**odd, pla**nn**wyd

ond
pla**n**asom, pla**n**asoch, pla**n**asant

Sylwer hefyd: Bydd **e** yn cymryd lle'r **a** mewn rhai ffurfiau: e.e.,
pl**enn**wch, pl**enn**ir, pl**enn**ais,

plât, *eg.* (*ll.* platiau)
plentynnaidd

POBL
y bobl (nid: y *pobl*)

Benywaidd yw'r gair **pobl** ac mae angen treiglo ansoddeiriau sy'n ei ddilyn: e.e.,
pobl dda; **pobl ddrwg**;
pobl fawr; **pobl bwysig**.

Cofier: Nid oes y fath ffurf â *fobl* ac felly **llawer o bobl** sy'n gywir (nid: llawer o *fobl*)

popeth
pren, *eg.* (*ll.* prennau, preniau)
prennaidd
prentis, *eg.* (*ll.* prentisiaid)
prentisiaeth, *eb.*
(*ll.* prentisiaethau)
presennol
presenoldeb, *eg.*
priffordd, *eb.* (*ll.* priffyrdd)
prin
prinned, prinnach, prinnaf
printiedig
proffesiwn, *eg.* (*ll.* proffesiynau)
proffesiynol
proffesiynoldeb, *eg.*
pryf, *eg.* (*ll.* pryf**ed**) (nid: pryfaid)

PRYNU
Un **n** sydd ym mhob un o ffurfiau'r ferf hon: e.e.,
pry**n**af, pry**n**wn, pry**n**wch, pry**n**ant, pry**n**ir, pry**n**ai, pry**n**em, pry**n**ent, pry**n**ais, pry**n**odd, pry**n**asom, pry**n**asom, pry**n**asoch, pry**n**asant, pry**n**wyd

pry**n**wr, *eg.* (*ll.* pry**n**wyr)

prysur
Cofier: yn **p**rysur **dd**arfod
prysurdeb
prysuro

PUM/PUMP
Pum o flaen enw: e.e.,
pum mlynedd, **pum** munud, **pum** ceiniog, **pum** punt

Pump pan na fo enw'n dilyn: e.e.,
pump o blant, **pump** arall

Ond sylwer: Pum**p** oed

punt, *eb.* (*ll.* punnoedd, punnau)
pupur
pur

PWY?
Gweler **PA/PWY?** uchod.

PWYSIG
pwysi**ced**, pwysi**cach**, pwysi**caf**
(Clywir yn *fwy pwysig, yn fwyaf pwysig* yn aml ar lafar)

PYMTHENG (nid: pymtheg) o flaen *munud, diwrnod, mis, blwydd* a *blynedd*, o flaen *mil* a *miliwn*, ac o flaen *gwaith*: e.e.,
pymthe**ng** munud, pymthe**ng** **n**iwrnod, pymthe**ng** mis, pymthe**ng** **m**lwydd, pymthe**ng** **m**lynedd, pymthe**ngw**aith, pymthe**ng** mil, pymthe**ng** miliwn

R

'R
Ffurf ar y fannod ar ôl gair yn diweddu â llafariad: e.e.,
Dym**a'r** tŷ (nid: dyma *y* tŷ)
Dym**a'r** afon (nid: dyma *yr* afon)
Ma**e'r** dyn (nid: mae *y* dyn)
Dring**o'r** bryn (nid: dringo *y* bryn)

ras, *eb.* (*ll.* rasys)
rîm (sef mesur o bapur), *eb.* (*ll.* rimiau)
r(h)uban, *eg.* (*ll.* r[h]ubanau)
rŵan
rysáit, *eb.* (*ll.* ryseitiau)

RH

rhaeadr, *eb.* (*ll.* rhaeadrau, rhëydr)
rhag blaen (= ar unwaith)
rhagfarn, *eb.* (*ll.* rhagfarnau)
rhagflaenu
rhagflaenwr, rhagflaenydd, *eg.* (*ll.* rhagflaenwyr)
rhagflas, *eg.* (*ll.* rhagflasau)
rhagfynegi
Rhagfyr
rhaghysbysu
rhaghysbysiad, *eg.* (*ll.* rhaghysbysiadau)
rhaglen, *eb.* (*ll.* rhaglenni)
rhaglennu
rhaglennwr, rhaglennydd, *eg.* (*ll.* rhaglenwyr)
rhagolwg, *eg.* (*ll.* rhagolygon)
rhagrybudd, *eg.* (*ll.* rhagrybuddion)
rhagweld
(Dyma'r ffurf a argymhellir yn *Geiriadur yr Academi* ond digwydd *rhag-weld* yn gyson.)

(Y) RHAIN
(sef Y RHAI HYN)

y rhain (nid: *rhain* ar ei ben ei hun)
e.e., Nid am **y rhain** y gofynnais.

rhan, *eb.* (*ll.* rhannau)
rhanedig
rhannol

RHANNU
Mae angen cadw'r **-nn-** ym mhob un o ffurfiau'r ferf hon heblaw am y rhai hynny sy'n cynnwys **-as-** yn y terfyniad: e.e.,
rha**nn**af, rha**nn**wn, rha**nn**ant, rha**nn**ai, rha**nn**em, rha**nn**odd, rha**nn**wyd
ond
rha**n**asom, rha**n**asant

Sylwer hefyd: Bydd **e** yn cymryd lle'r **a** mewn rhai ffurfiau: e.e.,
rh**e**nnwch, rh**e**nnir, rh**e**nnais

(Y) RHEINI—(Y) RHEINY
(sef Y RHAI HYNNY)

y rheini neu **y rheiny** (nid: *rheini* neu *rheiny* ar ei ben ei hun)

e.e., Gofynnodd am **y rheini/y rheiny** yn y ffenestr.
Dywedodd mai'**r rheini/rheiny** a ddymunai.

y llyfrau **hynny**
(nid: y llyfrau *rheini/rheiny*)

(Y) RHELYW
Ystyr **y rhelyw** yw **y gweddill**
(nid: *y rhan fwyaf* neu *y mwyafrif*)
e.e., O'r ugain disgybl yn y dosbarth, gŵyr y rhan fwyaf beth yw'r ateb cywir ond nid oes gan **y rhelyw** unrhyw syniad.

rhes, *eb.* (*ll.* rhesi)
rhestr, *eb.* (*ll.* rhestrau, rhestri)
rhestru
rhifyn, *eg.* (*ll.* rhifynnau)
rhodd, *eb.* (*ll.* rhoddion)
rhos, *eb.* (*ll.* rhosydd)
r(h)uban, *eg.* (*ll.* r[h]ubanau)
rhudd (= coch)

RHWNG
Mae gan yr arddodiad **rhwng** ffurfiau personol:

rhyngof (i)	rhyngom (ni)
rhyngot (ti)	rhyngoch (chi/chwi)
rhyngddo (ef)	rhyngddynt (hwy)
rhyngddi (hi)	

Dilynir **rhwng** gan **a** (nid: â)
e.e., **rhwng** y tŷ **a**'r bwthyn
(nid: rhwng . . . *â*'r bwthyn)

rhyngddo ef a'i bethau
(nid: rhyngddo . . . *â*'i bethau)

rhybudd, *eg.* (*ll.* rhybuddion)
rhybuddio
rhydd (= *free, loose*)
rhyddhad, *eg.*
rhyddiaith, *eb.*
rhyddieithol
rhynnu
rhynnaf, rhynnwn, rhynnwch, rhynnant, rhynnais, rhynnodd, rhynasom, rhynasant
rhyw
rhywbeth
rhywfaint
rhywle
rhywsut
rhywun

S

saer, *eg.* (*ll.* seiri)
saernïo
saernïaf, saernïwch, saernïant, saernïodd, saernïwyd
saernïaeth
saeth, *eb.* (*ll.* saethau)
saethu
saethaf, saethwn, saethwch, saethant, saethir, saethais, saethodd, saethwyd
safle, *eg.* (*ll.* safleoedd)
safon, *eb.* (*ll.* safonau)
safoni
safonol
safonwr, *eg.* (*ll.* safonwyr)
sail, *eb.* (*ll.* seiliau)
sâl
salwch, *eg.*
sarhad, *eg.*
sarhaus
sarrug
sêl, *eb.* (*ll.* seliau)
seren, *eb.* (*ll.* sêr)
serennu
serog
sesiwn, *egb.* (*ll.* sesiynau)
set, *eb.* (*ll.* setiau)
sêt, *eb.* (*ll.* seti)
sgil (= medr), *eb.* (*ll.* sgiliau)
sgîl (e.e., dod yn **sgîl** rhywun)
sgôr, *eb.* (*ll.* sgorau)
sgrîn, *eb.* (*ll.* sgriniau)
sgwâr, *ebg.* (sgwar[i]au)
sgwario
sgwaru
siâp, *eg.* (*ll.* siapiau)
siapio
siapus
sicrhad, *eg.*
sicrhau
sicrwydd, *eg.*
sigâr, *eb.* (*ll.* sigârs, sigarau)
siglen, *eb.* (*ll.* siglenni, siglennydd)
sioe, *eb.* (*ll.* sioeau)

siôl, *eb.* (*ll.* siolau)
siŵr
siwrnai, *eb.* (*ll.* siwrneiau)
sôn
soniaf, soniwn, soniwch, soniant, sonnir, soniais, soniodd, soniwyd
soned, *eb.* (*ll.* sonedau)
sosban, *eb.* (*ll.* sosbenni)
stad, *eb.* (*ll.* stadau)
stôl, *eb.* (*ll.* stolion, stoliau)
stôn (= 14 pwys)
stôr, *eb.* (*ll.* storau)
stordy, *eg.* (*ll.* stordai)
storfa, *eb.* (*ll.* storfeydd)
storio
stori, *eb.* (*ll.* storïau, straeon)
storïol
storïwr, *eg.* (*ll.* storïwyr)
strôc, *eb.* (strociau)
stŵr, *eg.*
stwrllyd
sudd, *eg.* (*ll.* suddion)
sur
surni
suro
sut
sŵn, *eg.* (*ll.* synau)
sydyn
sydynrwydd, *eg.*

SYDD
ac sydd (nid: *a* sydd)

sydd **â** (**ag**)
e.e., Hi sydd **â**'r marciau uchaf.

sylfaen, *eb.* (*ll.* sylfeini)
sylfaenol
sylfaenu
sylfaenydd, *eg.* (*ll.* sylfaenwyr)
symbol, *eg.* (*ll.* symbolau)
symbylu
symud
symudadwy (= cludadwy, *movable*)
symudol (= mudol, *mobile*)

SYNNU
Mae angen cadw'r **-nn-** ym mhob un o ffurfiau'r ferf hon heblaw am y rhai hynny sy'n cynnwys **-as-** yn y terfyniad: e.e.,
sy**nn**af, sy**nn**wn, sy**nn**wch, sy**nn**ant, sy**nn**ir, sy**nn**ai, sy**nn**em, sy**nn**ech, sy**nn**ent, sy**nn**ais, sy**nn**odd, sy**nn**wyd

ond
sy**n**asom, sy**n**asant

synnwyr, *eg.* (*ll.* synhwyrau)
synhwyro
synhwyrol
sypyn, *eg.* (*ll.* sypynnau)
system, *eb.* (*ll.* systemau)
systematig

T

taclus
  tacluso
  taclusrwydd, *eg.*
tad, *eg.* (*ll.* tadau)
taenlen, *eb.* (*ll.* taenlenni)
taeru
  taeraf, taerwn, taerwch, taerant,
  taerir, taerais, taerodd, taerwyd
taflen, *eb.* (*ll.* taflenni)
taflu
  taflaf, taflwn, teflwch, taflant,
  teflir, teflais, taflodd, taflwyd
taflunydd, *eg.* (*ll.* taflunyddion)
tafodiaith, *eb.* (*ll.* tafodieithoedd)

TAIR
y tair (nid: *y dair*)

y tair dafad dew
(nid: y *dair* [d]dafad dew)

Un ffordd o gofio na ddylid treiglo yn union ar ôl *y tair* (ond y dylid treiglo unrhyw ansoddair sy'n dilyn yr enw benywaidd unigol) yw drwy gofio am westy o'r enw: **'Y Tair Derwen Gam'.**

tal
  taled, talach, talaf
tâl, *eg.* (*ll.* taliadau)
  talu
talaith, *eb.* (*ll.* taleithiau)
talcen, *eg.* (*ll.* talcennau, talcenni)
talfyriad, *eg.* (*ll.* talfyriadau)
  talfyredig
  talfyrru
tan (= [o] dan)
tân, *eg.* (*ll.* tanau)
  tanio
tanllyd
tant, *eg.* (*ll.* tannau)
tap (e.e., tap dŵr), *eg.* (*ll.* tapiau)
tâp, *eg.* (*ll.* tapiau)
  tapio
taran, *eb.* (*ll.* taranau)
  taranu
taro
  t(a)rawaf, t(a)rewir,
  t(a)rewais, t(a)rawodd, t(a)rawyd
te
tebyg
  tebygol
  tebygolrwydd, *eg.*
  tebygrwydd, *eg.*
teg
  teced, tecach, tecaf
  tegwch
tegan, *eg.* (*ll.* teganau)
teisen, *eb.* (*ll.* teisennau)
telyn, *eb.* (*ll.* telynau)
  telynor, *eg.* (*ll.* telynorion)
  telynores, *eb.* (*ll.* telynoresau)
telyneg, *eb.* (*ll.* telynegion)
  telynegol
tenau
  teneuo
tennis, *eg.*
tennyn, *eg.* (*ll.* tenynnau)

TERFYNU
Un **n** sydd yn nherfyniad **pob** ffurf ar y ferf hon: e.e.,
terfy**n**af, terfy**n**i, terfy**n**a, terfy**n**wn, terfy**n**wch, terfy**n**ant, terfy**n**ir, terfy**n**ai, terfy**n**em, terfy**n**ent, terfy**n**id, terfy**n**ais, terfy**n**odd, terfy**n**asom, terfy**n**asoch, terfy**n**asant, terfy**n**wyd,

terfy**n**aswn, terfy**n**asai,
terfy**n**asem, terfy**n**asent,
terfy**n**asid

terfyn, *eg.* (*ll.* terfy**n**au)
terfy**n**iad, *eg.* (*ll.* terfyniadau)
terfy**n**ol

testun, *eg.* (*ll.* testunau)
testunol
tîm, *eg.* (*ll.* timau)
tipyn
tirfeddiannwr, *eg.* (*ll.* tirfeddianwyr)
to, *eg.* (*ll.* toeau)
tocyn, *eg.* (*ll.* tocynnau)
tomen, *eb.*
(*ll.* tomennydd, tomenni)
ton, *eb.* (*ll.* tonnau)
e.e., **tonnau**'r môr
tôn, *eb.* (*ll.* tonau)
e.e., **tonau** yn y Llyfr Emynau
torcalonnus
toreth

TORRI
Mae angen cadw'r **-rr-** ym mhob un o ffurfiau'r ferf hon heblaw am y rhai hynny sy'n cynnwys **-as-** yn y terfyniad: e.e.,
to**rr**af, to**rr**wn, to**rr**wch, to**rr**ant,
to**rr**ir, to**rr**ais, to**rr**odd, to**rr**wyd

ond
to**r**asom, to**r**asant,

to**rr**wr, *eg.* (*ll.* to**r**wyr)

TRA
Tra + berf
e.e., **tra oedd** (ond clywir *tra'r oedd* yn aml ar lafar)

Ond cofier:
'Tra môr yn fur i'r bur hoff bau . . .'
a 'Tra môr, tra Meirion'.

traethawd, *eg.* (*ll.* traethodau)
traethu
trafodaeth, *eb.* (*ll.* trafodaethau)
trannoeth
traul, *eb.* (*ll.* treuliau)
trawiadol
treiglo
treiglad, *eg.* (*ll.* treigladau)
treigledig
(Clywir, a gwelir, *treigl**i**ad*, *treigl**i**adau*, *treigl**i**edig*, hefyd.)
trên, *egb.* (*ll.* trenau)

TREULIO/GWARIO
TREULIO *amser* ond **GWARIO** *arian*

e.e., Rwyf wedi **treulio** llawer o amser yn **gwario** pres ar sothach.

treuliedig

triban, *eg.* (*ll.* tribannau)
trigain
tristáu
tröedigaeth, *eb.* (*ll.* tröedigaethau)
troednodyn, *eg.*
(*ll.* troednodion, troednodiadau)
trofannau
trofannol
troi
trof, trown, trowch, trônt; troir, trois, troes/trodd (nid: trôdd), troesom, troesoch, troesant, trowyd
trôns, *eg.* (*ll.* tronsiau)

TRÔNT (maen nhw'n troi/byddant hwy'n troi)

e.e., **Trônt** eu cefnau ar eu cyfeillion.

TROS

Mae gan yr arddodiad **tros** ffurfiau personol:

trosof (i)	trosom (ni)
trosot (ti)	trosoch (chi/chwi)
trosto (ef)	trostynt (hwy)
trosti (hi)	

trowsus, trywsus, *eg.*
(*ll.* trowsusau, trywsusau)

TRWY

Mae gan yr arddodiad **trwy** ffurfiau personol:

trwof (i)	trwom (ni)
trwot (ti)	trwoch (chi/chwi)
trwyddo (ef)	trwyddynt (hwy)
trwyddi (hi)	

trydan
trydanol
trydanu
trydanwr, *eg.* (*ll.* trydanwyr)
trywanu
trywsus, trowsus, *eg.*
(*ll.* trywsusau, trowsusau)
tu (= ochr), *eg.*

y tu allan	y tu mewn
y tu blaen	y tu ôl

TUA(G)

Sylwer: tu**a'r** (tua + 'r) ond tu**ag** (un gair)

e.e., Aeth yn araf **tuag at** y drws **tua'r** un amser â'i ffrind.

tudalen, *egb.* (*ll.* tudalennau)
tun, *eg.* (*ll.* tuniau)
tunnell, *eb.* (*ll.* tunelli)
twnnel, *eg.* (*ll.* twnelau, twneli)
twr (= pentwr), *eg.* (*ll.* pentyrrau)
tŵr (= adeilad uchel), *eg.* (*ll.* tyrau)
twrnai, *eg.* (*ll.* twrneiod)
tŷ, *eg.* (*ll.* tai)
gwesty, *eg.*
(*ll.* gwestyau, gwestai)
ysbyty, *eg.* (*ll.* ysbytai, ysbytyau)
tyddyn, *eg.* (*ll.* tyddynnod)
tyddynnwr, *eg.* (*ll.* tyddynwyr)
tymor, *eg.* (*ll.* tymhorau)
tymhorol
tyn(n)
tynned, tynnach, tynnaf
tynel, *eg.* (*ll.* tynelau, tyneli)

TYNNU

Mae angen cadw'r **-nn-** ym mhob un o ffurfiau'r ferf hon heblaw am y rhai hynny sy'n cynnwys **-as-** yn y terfyniad: e.e.,

ty**nn**af, ty**nn**wn, ty**nn**wch, ty**nn**ant, ty**nn**ir, ty**nn**ai, ty**nn**em, ty**nn**ech, ty**nn**ent, ty**nn**ais, ty**nn**odd, ty**nn**wyd

ond

ty**n**asom, ty**n**asant

TYRRU

Mae angen cadw'r **-rr-** ym mhob un o ffurfiau'r ferf hon heblaw am y rhai hynny sy'n cynnwys **-as-** yn y terfyniad: e.e.,

ty**rr**af, ty**rr**wn, ty**rr**wch, ty**rr**ant, ty**rr**ir, ty**rr**ai, ty**rr**em, ty**rr**ais, ty**rr**odd, ty**rr**wyd

ond
tyr**a**som, tyr**a**soch, tyr**a**sant,
tyr**a**swn, tyr**a**sai

tystiolaeth, *eb.* (*ll.* tystiolaethau)
tystiolaethu

tystlythyr, *eg.* (*ll.* tystlythyrau)
tywynnu
tywynnai, tywynnodd

U

U ac Y
Os oes amheuaeth ai **u** ynteu **y** a ddylai fod mewn gair, awgrymir ychwanegu sillaf at y gair hwnnw (e.e., ffurfio lluosog neu enw haniaethol, dyweder) ac yn aml (ond nid **bob** amser!) gwelir pa lythyren sy'n angenrheidiol yn y gair gwreiddiol wrth edrych ar y llythyren honno yn y gair a ffurfiwyd. Cymerwn enghraifft: **sydyn**. Os oes unrhyw amheuaeth ai **u** ynteu **y** sydd i fod yn y sillaf olaf, drwy ychwanegu sillaf a ffurfio **sydynrwydd**, gwelir (a chlywir) mai'r llythyren **y** sy'n gywir:

cyfl**y**m—cyfl**y**mder— cyfl**y**mdra
gof**y**n—gof**y**niad—gof**y**nnais
myn**y**dd—myn**y**ddoedd—
myn**y**dda
br**y**n—br**y**niau—br**y**ncyn

ond y mae EITHRIADAU, e.e.,
diw**y**d—diw**y**diant—diw**y**diannol
tw**y**ll—tw**y**llo

uchel
uchder
uched, uwch, uchaf

ufudd
ufudd-dod, *eg.*
ufuddhau
ugain
ugeinfed
ugeiniau

UN
Mae enw benywaidd unigol yn treiglo'n feddal ar ôl **un**:
e.e., **un ferch**; **un gadair**

ond ni threiglir **ll** na **rh**, hyd yn oed ar ddechrau enw benywaidd unigol: e.e., **un llaw**; **un rhaw**

Eithriad arall, o safbwynt treiglo ar ôl **un**, yw'r ddau air **blynedd** a **blwydd**.
Treiglant yn drwynol ar ôl **un** mewn rhifau cyfansawdd:
e.e., **un m**lynedd ar ddeg;
un mlwydd ar bymtheg

undonedd, *eg.*
undonog
unigolyn, *eg.* (*ll.* unigolion)
unrhyw
uwchdaflunydd, *eg.*
(*ll.* uwchdaflunyddion)

W

WEDI
ac wedi (nid: *a* wedi)
e.e., Ar ôl trigain mlynedd o lafur **ac wedi** oes o ymroddiad, ymddeolodd yr hen ŵr.

WEDYN
ac wedyn (nid: *a* wedyn)
e.e., Aethom i'r ffair **ac wedyn** i'r siopau.

WRTH
Mae gan yr arddodiad **wrth** ffurfiau personol:

wrthyf (i)	wrthym (ni)
wrthyt (ti)	wrthych (chi/chwi)
wrtho (ef)	wrthynt (hwy)
wrthi (hi)	

ŵy, *eg.* (*ll.* wyau)
(Digwydd *wy* hefyd yn gyffredin iawn.)

(YR) WYDDOR
Dyma sut y dylid seinio'r llythrennau unigol (gyda'r llafariaid ag arlliw gwyrdd):

A	**B**	**C**	**CH**	**D**	**DD**	**E**
a	*bi*	*éc*	*éch*	*di*	*édd*	*e*
F	**FF**	**G**	**NG**	**H**	**I**	**L**
éf	*éff*	*ég*	*éng*	*aitsh*	*i*	*él*
LL	**M**	**N**	**O**	**P**	**PH**	**R**
éll	*ém*	*én*	*o*	*pi*	*ff*	*ér*
RH	**S**	**T**	**TH**	**U**	**W**	**Y**
rh	*és*	*ti*	*éth*	*u*	*w*	*y*

A HEFYD

J
je

ŵyn (unigol = oen)

WYNEB
wyneb, *eg.* (*ll.* wynebau)

ac felly:

fy wyneb i; **ei hw**yneb hi;
ei wyneb ef; **ein hw**ynebau ni;
eich wynebau chi/chwi;
eu hwynebau hwy

Os cofir am y gair *ŵy/wy*, ni ddylai treiglo **wyneb** achosi unrhyw drafferth:
fy ŵy/wy, felly **fy wyneb**, etc.

wynebu

Ond sylwer: Ar lafar, mae **gwyneb** a **gwynebu** wedi hen ennill eu lle a chânt eu harfer yn ysgrifenedig hefyd.

ŵyr, *eg.* (*ll.* wyrion)
wyres, *eb.* (*ll.* wyresau)

Y

Y/YR/'R

Y rheol:

y o flaen cytsain, e.e., **y d**yn
yr o flaen llafariad, e.e., y**r a**fal
'r ar ôl llafariad, e.e., dym**a'r** dyn

Felly (gydag ychydig iawn o eithriadau): e.e.,
y mae'**r d**yn (nid: y mae *y* dyn)
y mae'**r e**neth (nid: y mae *yr* eneth)

Mae enw benywaidd unigol yn treiglo'n feddal ar ôl y fannod: e.e.,
y gath; **y b**abell ; **y d**eipyddes
mae'**r f**erch a'**r dd**ynes

ond ni threiglir **ll** na **rh** (hyd yn oed ar ôl enwau benywaidd unigol): e.e.,

y llaw (nid: y law)
y rhaw (nid: y raw)
y llong (nid: y long)
y rhaff (nid: y raff)

Cofier: y**r** Wyddeleg; y**r** Wyddfa; y**r** wyddor; y**r** wylan

ŷd, *eg.* (*ll.* ydau)
yfory
ynghyd â (ag)
ynghylch
ynghynt/yn gynt

YNGLŶN Â/AG

Ynglŷn â/ag (*nid* ynglyn a nac ynghlyn a)
e.e., Cwynodd **ynglŷn â** phrisiau ac **ynglŷn ag** arian sengl Ewrop.

ynglŷn â o flaen gair yn dechrau â chytsain,
ynglŷn ag o flaen gair yn dechrau â llafariad.

ŷm (= ydym)
ymdrin
ymdriniaf, ymdriniwn, ymdriniwch ymdriniant, ymdrinnir, ymdriniais, ymdriniodd, ymdriniwyd
ymddiheuriad, *eg.*
(*ll.* ymddiheuriadau)
ymddiheuro
ymddiheuraf, ymddiheurwn, ymddiheurwch, ymddiheurant, ymddiheurir, ymddiheurais, ymddiheurodd, ymddiheurwyd
ymennydd, *eg.* (*ll.* ymenyddiau)
ymenyddol
ymenyn, *eg.*

YMESTYN

Mae angen dyblu'r **n** ym mhob un o ffurfiau'r ferf hon heblaw am y rhai hynny sy'n cynnwys **-as-** yn y terfyniad: e.e.,
ymesty**nn**af, ymesty**nn**wn, ymesty**nn**wch, ymesty**nn**ant, ymesty**nn**ir, ymesty**nn**ais, ymesty**nn**odd, ymesty**nn**wyd

ond
ymesty**n**asom, ymesty**n**asant

ymesty**n**edig
ymesty**nn**ol

ymfalchïo

ymgynghori
ymgynghorol
ymgynghorwr, ymgynghorydd, *eg.*
(*ll.* ymgynghorwyr)
ymgymryd â (ag)
ymgymeraf, ymgymerwn,
ymgymerir, ymgymerais,
ymgymerodd, ymgymerwyd
ymgymerwr, *eg.*
(*ll.* ymgymerwyr)
ymgynnull
ymhlith
ymladd (= brwydro)
ymlâdd (= blino'n lân)
ymlaen llaw
ymweld â (ag)
(Dylid osgoi *talu ymweliad*)
ymyrraeth, *eb.*
ymyrryd
ymyrraf, ymyrrwn, ymyrrwch,
ymyrrant, ymyrrir, ymyrrais,
ymyrrodd, ymyrrwyd
ymysg

YN
Ni ddylid troi'r arddodiad **yn** (sy'n gyfystyr â'r Saesneg *in*) yn *'n*:

e.e., Y mae **yn** y tŷ
(nid: y mae'n y tŷ).
Mae'n gweithio **yn** y banc.
(nid: Mae'n gweithio*'n* y banc.)

Ond sylwer: Mae talfyrru'r arddodiad **yn** yn **'n** yn digwydd yn aml iawn mewn barddoniaeth.

yn erbyn bob amser (ni ddylid talfyrru):

e.e., Gafaelodd yn y silffoedd a rhoddodd hwy **yn erbyn** y wal.
(nid: . . . rhoddodd hwy'n erbyn . . .)

Ar ôl yr **yn** traethiadol, treiglir enw ac ansoddair (ond nid berfenw) yn feddal:
e.e., Mae ef **yn f**eddyg da.

ond ni ddylid treiglo **ll** na **rh** ar ôl yr **yn** traethiadol:
e.e., Mae hon **yn rh**aff gref.
Mae hon **yn ll**ong anferth.
Cerddodd **yn ll**aw ei fam.

Nid yw berfenw byth yn treiglo ar ôl **yn**:
e.e., yn **c**anu, yn **d**weud, yn **m**ynd

yn gynt/ynghynt
ynni, *eg.*
ŷnt (= ydynt)
ysblennydd
ysbyty, *eg.* (*ll.* ysbytai, ysbytyau)

YSGRIFENNU
Mae angen cadw'r **-nn-** ym mhob un o ffurfiau'r ferf hon heblaw am y rhai hynny sy'n cynnwys **-as-** yn y terfyniad: e.e.,
ysgrife**nn**af, ysgrife**nn**wn,
ysgrife**nn**wch, ysgrife**nn**ant,
ysgrife**nn**ir, ysgrife**nn**ais,
ysgrife**nn**odd, ysgrife**nn**wyd

ond ysgrife**n**asom, ysgrife**n**asoch,
ysgrife**n**asant

ysgrife**nn**wr, *eg.* (*ll.* ysgrife**n**wyr)

ysgrife**nn**ydd, *eg.*
(*ll.* ysgrife**n**yddion)
ysgrife**n**yddes, *eb.*
(*ll.* ysgrife**n**yddesau)

Cofier: ysgrifennu **at** (rywun)

ystwyth
ystwythder, *eg.*
ystwytho
ystyr, *egb.* (*ll.* ystyron)

YSTYRIED
Un **r** sydd ym mhob un o ffurfiau'r ferf hon: e.e.,
ysty**r**iaf, ysty**r**iwn, ysty**r**iwch, ysty**r**iant, ysty**r**ir, ysty**r**iai, ysty**r**iem, ysty**r**ient, ysty**r**id, ysty**r**iais, ysty**r**iodd, ysty**r**iwyd

YW/I'W
Gweler **I'W/YW** uchod.